JN419325

\ 세상에서 가장 쉬운 /

교양 교과서

[인문사회]

Sekai de Ichiban Yasashii Kyouyou no Kyoukasyo〔JinbunShakai no Kyouyou〕
ⓒKodama Katsuyuki / Gakken
First published in Japan 2023 by Gakken Inc., Tokyo
Korean translation rights arranged with Gakken Inc.
through Shinwon Agency Co., Ltd.

이 책의 한국어판 저작권은 (주)신원에이전시를 통한
Gakken Inc.과의 독점계약으로 (주)태학사에 있습니다.
저작권법에 따라 한국 내에서 보호를 받는 저작물이므로
무단전재와 무단복제를 금합니다.

일러두기
본문의 주는 모두 옮긴이 및 편집자가 작성했습니다.

\ 세 상 에 서 가 장 쉬 운 /

교양
교과서

[인문사회]

[지음] **고다마 가쓰유키** [그림] **fancomi** [옮김] **장윤정**

날

새로운 지식은 선대의 지혜를 바탕으로 탄생한다

새로운 '사고'나 '사상'은 어느 날 불쑥 생겨나는 것이 아닙니다. 다양한 학문 분야에서 '주류가 된 사상(패러다임)'의 변천사를 들여다보면, 아무리 혁명적인 사상이라 할지라도 선대의 사상에서 영향을 받았음을 알 수 있습니다. 이처럼 새로운 지식은 선대의 지혜가 밑거름되어 탄생하죠. 즉, 선대의 사고를 익힌다는 것은 현재와 미래를 살아가는 길잡이를 얻는 것입니다.

《세상에서 가장 쉬운 교양 교과서-인문사회》는 각 분야의 교양을 시대의 흐름에 따라 '이야기 형식'으로 설명한 '교양 교과서'입니다. 풍부한 그림과 도표, 용어 해설을 통해 쉽게 내용을 이해하면서도 정확하게 접근할 수 있도록 책을 구성했습니다. 각 분야의 주요 인물들이 펼친 주장을 시대순으로 따라가다 보면 다양한 사상과 교양을 쉽게 이해할 수 있을 것입니다. 이를 바탕으로 '현대'를 통찰하는 힘까지 기를 수 있습니다.

이 책의 장점 ❶
- ☑ 선대 사상가들의 사고와 사상에서 '지혜'와 '사고 체계'를 배울 수 있다.
- ☑ 눈앞에서 일어나는 현상을 자신의 관점으로 '해석'할 수 있다.
- ☑ 자신의 해석을 바탕으로 새로운 '아이디어'를 구상할 수 있다.

과거의 지식을 바탕으로 현재를 더욱 깊이 이해한다

인간은 글을 읽거나 신문 또는 뉴스를 접할 때 그 내용을 있는 그대로 이해하지 못합니다. 접한 내용을 이미 알고 있는 정보(기억)와 연결해서 이해하지요. 따라서 전문적인 글이나 뉴스를 정확하게 이해하기 위해서는 이해의 밑바탕이 되는 '배경지식'을 갖추는 것이 무척 중요합니다. 한마디로 배경지식이 되는 '교양'이 보다 큰 지혜를 가져다주는 무기가 되는 셈이죠.

이 책은 전문적인 글을 이해하는 데 필요한 배경지식을 제공하고자 집필되었습니다. 삽화와 도표를 곁들인 꼼꼼하고 간결한 해설로 유사한 분야의 글을 읽었을 때 필요한 배경지식을 즉시 떠올릴 수 있도록 만들었습니다. 그렇기에 추후 난이도가 높은 교양서나 너무 어려워 포기했던 책도 쉽게 이해할 수 있을 것입니다. 아울러 신문이나 뉴스를 파악하는 것도 쉬워지겠지요.

책 끝머리에는 '더 많은 교양을 쌓고 싶은 독자를 위한 북 가이드'를 준비했습니다. 핵심 용어나 인물을 정리하며 다른 교양서를 읽을 때 참고하길 바랍니다.

이 책의 장점 ❷

- ☑ 난이도가 높은 교양서도 척척 이해할 수 있다.
- ☑ 너무 어려워서 포기한 책에 다시 도전할 수 있다.
- ☑ 신문이나 뉴스를 더욱 깊이 들여다볼 수 있다.

더욱 풍요로운 독서의 세계로

이 책은 한 번 읽으면 흥미롭고, 두 번 읽으면 생각할 지점이 보이고, 세 번 읽으면 새로운 무언가를 발견할 수 있는 '깊이'가 있습니다. 꼭 여러 번 반복해서 읽어 보길 바랍니다. 이 책을 다 읽으면 분명 다양한 책들을 더욱더 많이 읽고 싶어질 것입니다. 책을 읽다가 막혔을 때는 다시 한번 이 책을 펼쳐보세요. 이 책의 '깊이'를 알 수 있을 거예요. '교과서'란 원래 그런 책이니까요.

고다마 가쓰유키

책을 읽는 순서
HOW TO STUDY

STEP.1

교양을 쌓자

이 책은 각 장을 2단계로 나누어 거시적 관점에서 미시적 관점으로 차례차례 학습해 나가며 자연스럽게 교양을 쌓을 수 있도록 구성하였습니다. 먼저, 각 분야의 교양을 '이야기 형식'으로 살펴봅니다. 여기에서는 각 분야의 사상적 '흐름'을 삽화와 문장으로 꼼꼼하게 짚어주며 흥미롭고 알기 쉽게 설명합니다.

STEP. 2

핵심 용어와 핵심 인물을 알아보자

해당 분야의 사상적 흐름을 파악한 다음에는 그 분야를 보다 깊이 이해하기 위해 필요한 핵심 용어를 살펴봅니다. 여기에서 다루는 핵심 용어는 모두 STEP. 1의 이야기를 설명할 때 등장합니다. STEP. 1에서 이해한 이야기와 연결하여 핵심 용어를 공부하면 단순히 '아는 지식'이 아닌 '사용할 수 있는 지식'이 됩니다.

차례

1
Chapter

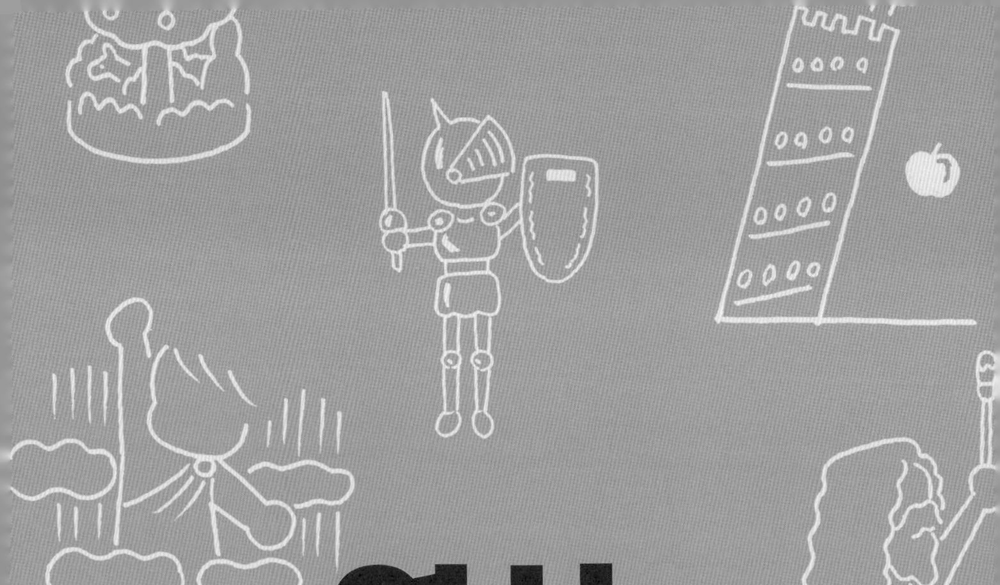

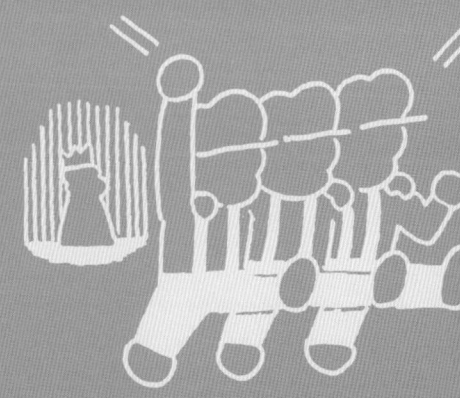

역사

History

'거대서사'의 종언이란 무엇인가?

제1장에서는 '중세', '근대', '현대'라는 시대구분에 따라 다음 장과 관련된 주요 사건들을 먼저 정리합니다. 이어서 중세에서 근대로 이어지면서 탄생한 '거대서사'가 어떻게 확장되었고, 어떤 이유로 그 끝을 맞이하게 되었는지 살펴봅니다.

교양을 쌓자
ENRICH YOUR EDUCATION

🔍 주요 키워드

☑ 봉건제	☑ 종교개혁	☑ 계몽사상	☑ 르네상스
☑ 대항해시대	☑ 제국주의	☑ 시민혁명	☑ 산업혁명
☑ 국민국가	☑ 이데올로기	☑ 냉전	☑ 세계화
☑ 전후부흥	☑ 버블경제	☑ 잃어버린 20년	

시대구분
－시대 구분은 어떤 분야의 글인지에 따라 다르다－

여기에서는 세계사 · 철학에서의 '중세❶', '근세❷', '근대❸', '현대❹'라는 시대구분을 소개합니다. 시대구분에는 명확한 정의가 없습니다. 따라서 다루는 분야에 따라 같은 시기라도 시대구분이 달라질 수 있습니다. 이 장에서는 시대 흐름을 큰 틀에서 이해해 두세요. 책을 읽다가 시대 흐름이 헷갈릴 때는 이 장으로 돌아와 다시 확인하면 됩니다.

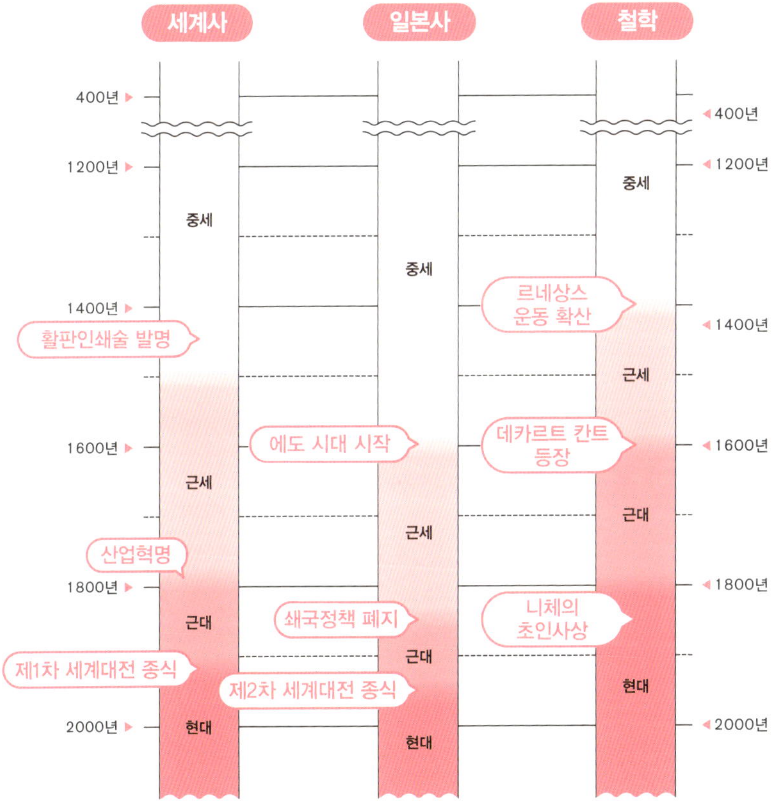

세계사	일본사	철학	
400년 ▶			◀ 400년
1200년 ▶		중세	◀ 1200년
중세			
	중세	르네상스 운동 확산	
1400년 ▶			◀ 1400년
활판인쇄술 발명		근세	
	에도 시대 시작	데카르트 칸트 등장	
1600년 ▶			◀ 1600년
근세		근대	
산업혁명	근세		
1800년 ▶			◀ 1800년
근대	쇄국정책 폐지	니체의 초인사상	
제1차 세계대전 종식	근대	현대	
	제2차 세계대전 종식		
2000년 ▶	현대		◀ 2000년
현대	현대		

① 세계사

세계 표준에 가까운 '세계사'부터 살펴보겠습니다. 다음 장에서 다룰 주요한 역사적 사건도 함께 정리했습니다. 장 끝에 수록된 핵심 용어를 참고하면 내용을 더욱 깊이 이해할 수 있습니다.

중세: 5세기(400년대)~15세기(1400년대)

[봉건제]

[활판인쇄]

'중세'는 주로 봉건제 **5** 를 기반으로 한 시대를 말한다.

15세기 무렵 활판인쇄술 **6** 이 발명되면서 대중들에게 성서가 널리 보급되었다. ➡ 교회의 권위가 추락했고 개인 신앙의 자유로 이어진다(16세기 종교개혁 **7** 의 배경이 됨).

개인의 생각을 대중과 공유하고 설파하는 일이 가능해졌다. ➡ 계몽사상 **8** 으로 전개된다.

근세: 16세기(1500년대)~18세기(1700년대)

[르네상스]

[종교개혁]

[대항해시대]

'근세'는 르네상스 **9** ·종교개혁·대항해시대 **10** 를 거치면서 '근대'의 시민사회와 제국주의 **11** 형성에 밑거름이 되었다.

근대: 19세기(1800년대)~20세기 전반(제1차 세계대전 종식: 1918년)

※'근대'를 냉전 종식까지로 보는 시각도 있다.

[시민혁명]   [산업혁명]   [제국주의]

 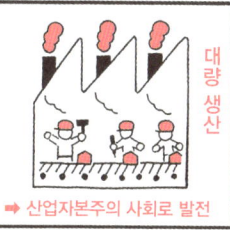 

'근대'는 **시민혁명 12** 으로 형성된 시민사회, **산업혁명 13** 으로 발전한 산업자본주의 사회, 그리고
제국주의로 등장한 **국민국가 14** 가 특징이다.
(➡ 자세한 내용은 6장·7장 참고)

현대: 20세기 전반(제1차 세계대전 종식 후: 1918년)~현재(2000년대)

※'현대'를 냉전 종식부터로 보는 시각도 있다.

[냉전]   [세계화]   [새로운 문제]

'현대'는 두 개의 거대한 **이데올로기 15** 가 대립한 **냉전 16** 과
세계화 17 를 겪으면서 새로운 문제에 직면하고 있다.

② 일본사

다음은 '일본사'입니다. 자세한 내용은 '제8장 일본'에서 다루기로 하고 여기에서는 시대 구분과 특징을 간략하게 훑어보겠습니다.

중세: 12세기(1100년대)~16세기(1500년대)

[원정* 후기~무로마치 시대**]

일본의 '중세'는 전쟁이 끊이지 않았고 사람들은 평화를 갈망했다.

근세: 17세기(1600년대)~19세기(1800년대)

[에도 시대]

※ 근세를 아즈치모모야마 시대부터라고 하는 견해도 있다.

사   농   공   상

에도 시대 ⑱ 는 약 260년 동안 안정된 평화 속에서 서민 문화가 번성했다.

----

* 院政. 일본에서, 상왕이 왕을 대신하여 정사를 직접 돌보던 정치 형태. 1086년에 시라카와[白河] 왕이 상왕으로 물러나 최초로 실시한 것으로, 상왕의 처소를 인[院]이라고 불렀던 데서 유래하였다.

** 室町時代. 14세기부터 16세기까지 일본에서, 아시카가[足利] 막부가 집권한 시대. 남북조가 통합되어 무로마치 막부의 전국 통일이 완성된 때부터 오닌[應仁]의 난이 끝난 때까지를 이른다.

근대: 19세기(1800년대)~20세기 전반 (제2차 세계대전 종식: 1945년)

[근대화]

[국민국가 / 제국주의]

일본은 서양과 같은 근대국가로 발전해 갔다.

현대: 20세기 전반(제2차 세계대전 종식 후: 1945년)~현재(2000년대)

[버블 경제]

[잃어버린 20년]

일본은 **전후 부흥 19** 을 거쳐 경제성장을 지속하며 1990년경 **버블 경제 20** 를 맞이한다.
그러나 버블 붕괴 이후에는 뚜렷한 해법을 찾지 못한 채 **잃어버린 20년 21** 에 접어든다.

③ 철학

철학은 같은 시기에 일어난 사건이라도 사안에 따라 시대구분의 방식이 달라질 수 있으므로 전반적인 흐름을 중심으로 파악합시다. 자세한 내용은 **'제2장 철학'**에서 설명하겠습니다.

근대: 17세기~18세기	이행기: 19세기

※최근에는 이 시기를 세계사와 같이 '근세'로 보는 시각도 있다.

[심신이원론 / 변증법]　　　　**[초인사상 / 실존주의]**

심신이원론 22 이나 **변증법** 23 처럼 이성과 정신 고양을 지향하는 연구가 전개됐다.

초인사상 24 이나 **실존주의** 25 의 영향으로 인간 존재와 주체적인 삶을 중시했다.

현대: 20세기

※최근에는 이 시기를 세계사와 같이 '근대'로 보는 시각도 있다.

[구조주의 / 포스트구조주의]

우리를 둘러싼 보이지 않는 체계(구조)를 규명하려는 **구조주의** 26 와 구조주의의 한계를 극복하려는 **포스트구조주의** 27 사상이 널리 퍼졌다.

어느 정도 감이 잡혔나요? 앞으로 이 책을 비롯해 다양한 책을 읽을 때 '중세'나 '근대'와 같은 시대구분이 나올 경우, "아, 그 시기구나." 하고 짐작하면서 읽어 나가면 내용을 더 쉽게 그려볼 수 있습니다.

시대의 흐름 ❶
−거대서사의 탄생−

시대구분을 이해했다면, 이번에는 '세계사'와 '철학'을 통해 각 시대를 살았던 사람들의 모습을 알기 쉽게 살펴보겠습니다. 중세에서 근대에 이르기까지 '거대서사 ㉘'가 어떻게 탄생했고 또, 어떻게 종말을 맞이했는지 그 흐름을 간결하게 정리하여 전달합니다.

❶ 중세 이전

중세 이전의 세계를 살펴보기에 앞서 기억해야 할 점은, 당시 사람들에게는 '신(신들)'의 존재가 지극히 당연했다는 사실입니다. 또한, 당시 세계 각 지역의 통치자는 대부분 '신과 모종의 관계를 맺고 있는 존재'로 군림했습니다.

[신과 관련된 의식]

신이 인간 생활에 밀접하게 관여하던 사회에서는 신과 관련된 의식이 숱하게 존재했으며
우두머리가 된 인물이 이를 주관했다.

중세는 흔히 〈'봉건제'가 중심이었던 시대〉로 정의합니다. '봉건제'란 쉽게 말해 '권력자가 지배하는 체제'를 뜻하였으나, 권력자들은 사람들을 다스리기 쉽도록 '신'이라는 존재를 이용했습니다. 따라서 중세 이전의 세계는 '신과의 관계가 중심이었던 시대'라고도 합니다.

지배자가 사람들을 통치하는 제도가 봉건제이지만, 모든 사람이 진심으로 따르지는 않는다.

신을 등에 업은 지배자가 통치하면, 사람들은 주저 없이 진심으로 따른다.

어떤 사회든 사람과 사람 사이에 공통된 '정의'의 기준이 없다면 사회는 성립되지 않습니다. 하지만 절대적인 정의란 존재하지 않으며, 모든 사람이 동일한 '정의'를 공유하기도 매우 어렵습니다. 그래서 사람들에게는 정의를 믿고 받아들이는 기준으로서 '신(의 가르침)'이 필요했던 것이죠.

사람에 따라 정의의 기준이 다르면 사회는 성립되지 않는다.

신의 가르침(신화 29 나 성서)을 '정의'의 기준으로 삼으면, 신을 따르는 사람들의 '정의'도 함께 확산한다.

이처럼 중세 이전 사람들에게 '정의'의 기준은 '신의 가르침'이었으며, 이를 통해 사회가 형성되었습니다. 그러나 한편으로는 통치를 위한 도구로 '신'의 존재가 이용되었습니다.

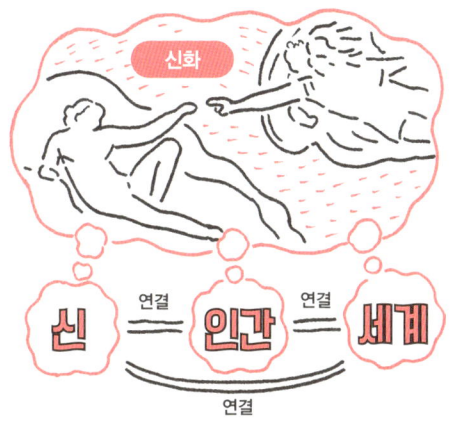

신화나 성서와 같은 '서사'가 전파되면서 인간과 세계, 그리고 신과의 유대감을 느끼게 된다.

자신들의 종교를 강요함으로써 식민지에도 '정의'의 기준이 널리 퍼졌고,
그 결과 식민지 지배가 더욱 쉬워진다.

2 근세

중세 이전에는 '신과의 관계'가 중심이었습니다. 그러나 시간이 흐르고 근세에 접어들면서 '인간의 존재'가 더욱 중요해집니다. 인간의 지위가 높아졌기 때문이죠.

다양한 사람들의 지위가 상승하면서
'인간의 가능성'에 대한 의식이 높아져 갔다.

사람들은 '신의 가르침을 받드는 삶'보다 '인간의 가능성을 추구하는 일'에 가치를 두게 됩니다. 이러한 변화는 결국 '근대'라는 시대를 불러옵니다.

③ 데카르트와 뉴턴

17세기에 접어들면서 서양 세계는 큰 변화를 맞이합니다. 데카르트①와 뉴턴②의 등장이 기폭제가 되었다고 알려져 있습니다.

[데카르트]

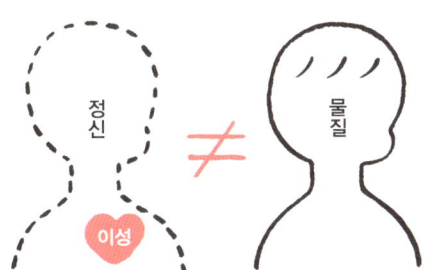

데카르트는 '정신'과 '물질'을 분리하여 보았고, 정신에는 고귀한 '이성 30'이 담겨 있다고 여겼다.

[뉴턴]

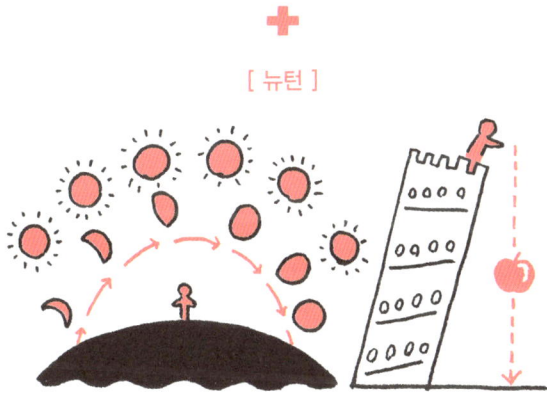

과학은 코페르니쿠스와 갈릴레이를 거쳐 뉴턴에 이르자 '신과의 관계'에서 벗어나 사고하게 된다. 대상 31 을 관찰하고 분석하여 '법칙 32 '을 도출하는 것을 목표로 삼게 되었다.

인간의 '이성'을 바탕으로 물질의 '법칙'을 밝혀보자. ➡ 근대과학의 기틀이 된다.

④ 근대합리주의의 탄생

데카르트를 기점으로 세계는 '정신'과 '물질'로 나뉘었습니다. 그리고 과학은 뉴턴을 계기로 '신'과 '정신'을 배제한 '물질'의 '법칙'을 연구 대상으로 삼았습니다.

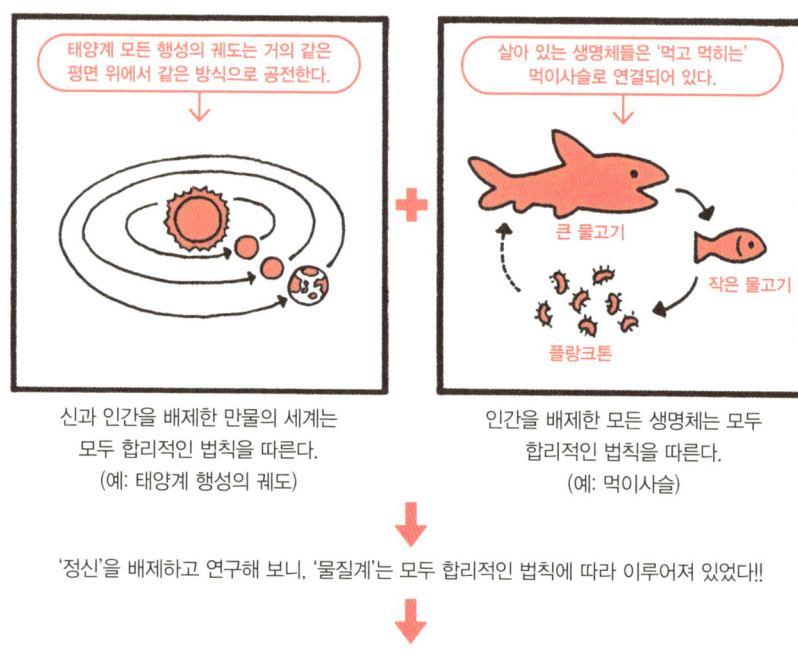

신과 인간을 배제한 만물의 세계는
모두 합리적인 법칙을 따른다.
(예: 태양계 행성의 궤도)

인간을 배제한 모든 생명체는 모두
합리적인 법칙을 따른다.
(예: 먹이사슬)

'정신'을 배제하고 연구해 보니, '물질계'는 모두 합리적인 법칙에 따라 이루어져 있었다!!

모든 세계는 '보편 ③³ 적'이지 않을까? ➡ 새로운 '정의'의 기준이 탄생한다.

사람들은 이렇게 생각했습니다.

"세상은 합리적인 법칙에 따라 이루어지지 않았을까? 어떤 법칙이 있지 않을까? 그렇다면, 과학 발전을 통해 세상의 모든 것을 합리적이고 법칙적으로 파악할 수 있지 않을까? 그리고 과학에서 얻은 합리성 ③⁴ 과 법칙성에 맞춰 세상을 만든다면, 세상은 더욱 풍요로워지지 않을까?"

이것이 바로 오늘날까지 이어지는 근대합리주의 ③⁵ 의 기본 사상입니다.

⑤ 거대서사

근대합리주의에서 '정의'의 기준은 '과학성'과 '합리성'이 기반이 됩니다. 과학성과 합리성은 종교에 따른 차이가 없습니다. 시대에 따른 차이 또한 없습니다. '정의'의 기준은 '보편적'입니다.

[중세 이전의 정의]

지역이 다르면 종교 교리도, 문화도 다르다. 따라서 '정의'의 기준도 다르다.
➡ 인간의 삶의 방식(인생 '서사')도 달라진다!!

[근대 이후의 정의]

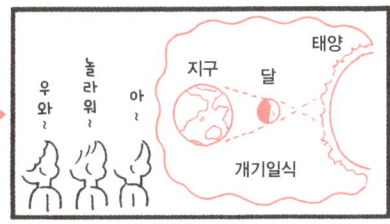

법칙이나 합리성은 지역에 따라 달라지지 않으며, '정의'의 기준이 '보편적'으로 적용된다.
➡ 인간의 생활 방식(인생 '서사')도 비슷해진다!!

그리고 대항해시대로부터 제국주의 식민지 지배를 거쳐 서구 열강의 세계 지배가 진행됩니다.

[계몽사상 / 종교개혁]

활판인쇄술을 이용하여 많은 민중에게 자신의 사상과 지식을 가르치고 설파할 수 있게 된다.
➡ '서사'를 함께 나누게 된다.

[대항해시대]

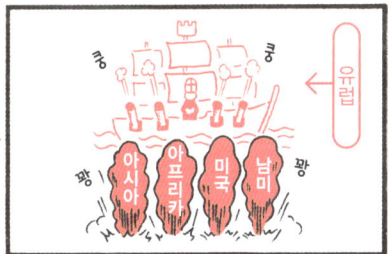

유럽인의 계몽사상은 대항해시대를 거치며 전 세계로 퍼져 나간다. 계몽사상의 가르침은 모든 지역에서 공유하는 보편적 지식이 된다(근대합리주의).
➡ '거대서사'로 확장된다.

더욱이 과학기술이 눈부시게 발달함에 따라 그 혜택을 받는 사람들은 물질적으로 풍요로운 삶을 누리게 됩니다.

과학기술의 발달로 탄생한 물건은 모두가 원하는 편리한 물건이었다.
편리한 물건이 가득한 삶을 모두가 꿈꾸게 된다.
➡ '거대서사'로 발전한다.

근대합리주의가 세계 곳곳으로 확산하면서 전 세계 국가들은 과학이 발달한 풍요로운 물질문명을 '이상(정의)'으로 삼고 그 이상을 좇기 시작합니다.

세계 각국은 결국 과학 문명이라는 최종 목표를 향해 질주한다.
과학이 발달함으로써 세상은 풍요로워진다(진보주의 36).

이처럼 개인과 사회가 같은 가치관(정의)을 추구함으로써 인생 이야기가 모두 비슷해지는 것을 '거대서사'라고 합니다.

너나 할 것 없이 똑같은 미래를 꿈꾼다고 생각하면, 그것에서 벗어난 개인에게는 불안과 공포가 생기기 마련입니다. 남들과 다른 삶의 방식을 선택하면 나 혼자만 도태되는 것은 아닐까 하는 불안감이 생기지요. 그래서 사람들은 '나다움'이 아닌 '모두가 옳다고 생각하는 삶'을 목표로 삼게 되었고 한결같이 같은 인생 '서사'를 지향하게 됩니다.

[세계 차원]

[민간 차원]

'모두가 추종하는 것'을 따르고 '모두가 원하는 것'을 욕망한다.
이런 '욕망의 본질'과 맞물려 '거대서사'는 19세기 말부터 20세기 후반까지 압도적인 영향력을 발휘한다.

시대의 흐름 2
-거대서사의 종언-

1 거대서사의 한계

20세기에 접어들면서 모두가 꿈꾸었던 '과학이 발전한 풍요로운 물질문명'이 점점 실현되어 갔습니다. 그러나 물질문명 발달이 구체화할수록 숨어 있던 부정적인 측면도 서서히 드러나기 시작했습니다.

[현실 생활]

[환경 문제]

[전쟁]

20세기 무렵부터 근대합리주의의 문제점이 속속 드러나면서 '정의'의 기준이 흔들리기 시작했다.

어떤 의미에서는 당연한 결과일지도 모릅니다. 왜냐하면 '거대서사'는 인간다움을 고려하
지 않기 때문이죠.

[모더니즘 건축]

상자형 건축물을 가리킨다. 좁은 땅에 많은 거주 공간을 만든다는 점에서는 '합리적'이지만,
거주자 개개인의 생활은 무시한 채 설계되었다.

[물질적 풍요로움]

물질적으로 풍족한 생활은 생각만큼 행복하지 않았다.
타인과의 관계에서 얻는 정신적 풍요로움을 염두에 두지 않았기 때문이다.

2 소서사

근대합리주의에서 추구하던 '과학성'과 '합리성'이라는 '정의'도 흔들리기 시작합니다. 그러자 사람들은 다시 모두가 따를 수 있는 '정의'의 기준도 상실하게 됩니다. 그 결과, 자신만의 '생활 방식'과 '정의'를 스스로 찾아야만 했습니다.

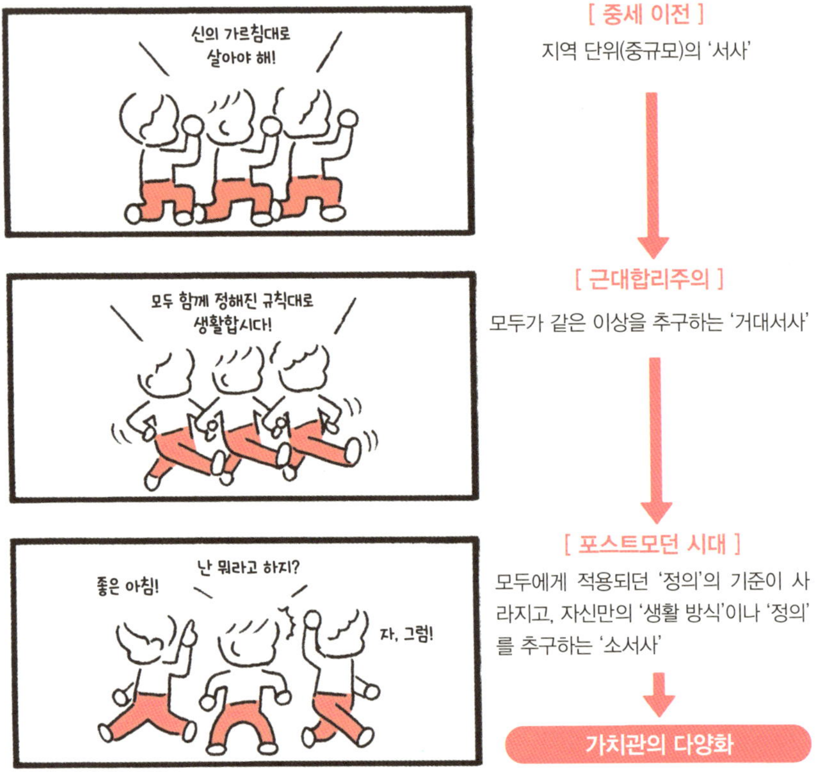
신의 가르침대로 살아야 해!
[중세 이전]
지역 단위(중규모)의 '서사'
모두 함께 정해진 규칙대로 생활합시다!
[근대합리주의]
모두가 같은 이상을 추구하는 '거대서사'
좋은 아침!
난 뭐라고 하지?
자, 그럼!
[포스트모던 시대]
모두에게 적용되던 '정의'의 기준이 사라지고, 자신만의 '생활 방식'이나 '정의'를 추구하는 '소서사'
가치관의 다양화

이처럼 각자가 자신만의 인생 '서사'를 살아가는 현상을 '소서사'라고 합니다. 근대합리주의의 '정의'가 흔들리고 새로운 '정의'의 기준이 확립되지 않은 상황을 **포스트모던 시대** 37 라고 부릅니다.

③ 과거의 '정의'로 회귀하는 현대 사회

개개인이 어디에도 구속받지 않은 채 자신만의 방식으로 살아가는 삶은 매우 이상적이고 멋진 일일지 모릅니다. 그러나 안타깝게도 자신만의 '정의'의 기준을 스스로 마련하고, 자신만의 '서사'를 꾸려나갈 수 있는 사람은 그리 많지 않습니다. 대부분 사람은 '무엇이 옳은지 알 수 없는 불안'에 휩싸여 아무것도 하지 못하는 정체성 위기(아이덴티티 크라이시스❸❽)를 겪게 됩니다. 결국 사람들은 정체성 위기라는 불안에서 벗어나기 위해 과거의 '정의'에 의지하려 듭니다.

[포스트모던 시대]　　　　　　　　[정체성 위기]

자기 나름의 '정의'를 지키며 살아가는 포스트　　'정의'와 '생활 방식'을 스스로 찾아내어
모던은 겉으로 보기에는 이상적이다.　　　　　　실천하는 사람은 그리 많지 않다.

결국, 근대합리주의를 비판하면서도 여전히 합리주의적 세계관에 의존하거나 종교를 믿는
방식으로 '과거의 정의'에 의지하게 된다.

이렇게 보면 현대 사회의 정체는 '과거의 정의가 합당하지 않음을 알면서도 과거의 정의에 의지하며 살아가는 시대'일지도 모릅니다.

핵심 용어와 핵심 인물을 알아보자
KEYWORD & KEYPERSON

중세 이전에는 지역과 시대마다 '신의 가르침'이 '정의'의 기준이었습니다. 그러나 근세부터는 '과학적이고 합리적'인 세계관을 '보편적인 진리'라고 여겨 모두가 그것을 추종하게 됩니다. 이것이 '거대서사'입니다. 하지만 거대서사는 현대의 다양화된 세계에서는 더 이상 설득력을 갖지 못하고, 사람들은 각자 자신만의 '소서사'를 살아가야 하는 시대를 맞이하게 됩니다.

1-1
시대구분
−시대구분은 다루는 것이 어떤 분야인가에
따라 다르다−

KEYWORD

---

❶ 중세
middle ages
세계사: 5세기부터 15세기까지의 시대.
➡ 기독교 신앙과 봉건제를 중심으로 한 시대이다.
일본사: 일반적으로 원정 후기부터 무로마치 시대 말
기까지(12세기부터 16세기까지)를 의미한다.

❷ 근세
early modern period
세계사: 16세기부터 18세기까지 시기.
➡ 절대왕정 확립 후, 시민혁명으로 절대왕정이 붕괴
하는 변화의 시기를 말한다.
일본사: 일반적으로 에도 시대(17세기부터 19세기까
지)로 정의된다.

❸ 근대
modern period
세계사: 19세기부터 20세기 전반(제1차 세계대전 종
식)까지의 시기.
➡ 산업혁명을 거쳐 제1차 세계대전이 발발한 시기
를 말한다.
일본사: 메이지유신부터 제2차 세계대전 종식(19세기
부터 20세기 전반)까지를 가리킨다.

❹ 현대
modern / today
세계사: 20세기 전반(제1차 세계대전 종식 후)부터
현재까지.
일본사: 20세기 전반(제2차 세계대전 종식 후)부터
현재까지.
➡ 세계대전 종식 후, 냉전과 더불어 현대는 다양한
가치관이 공존하는 시대가 되었다.

❺ 봉건제(세계사: 중세, 일본사: 중세, 근세)
feudal system
군주(통치자)가 민중을 지배하는 정치 체제.
➡ 원래는 군주가 영주 등에게 봉토라는 토지를 나
누어주고, 그 대가로 영주들이 군주에게 복종하는 계
약 관계에서 시작되었다. 중세의 대표적인 특징이다.

❻ 활판인쇄술(세계사: 중세)
typography
책을 대량으로 생산할 수 있게 된 기술.
➡ 누구나 책을 구할 수 있게 되었고, 종교개혁과 계
몽사상, 과학기술의 발전을 이끌었다.

❼ 종교개혁(세계사: 근세)
the Reformation
16세기에 일어난 교황의 권위를 부정하고 개인의 신
앙을 존중하는 운동.
➡ 교회 권력에 복종하는 체제에서 벗어나, 시민의
자립으로 이어지는 계기가 되었다.

⑧ 계몽사상(세계사: 근세, 일본사: 근대)
enlightenment

시민들에게 올바른 지식과 사고방식을 가르치고 이를 널리 전파하는 운동.

세계사: 18세기 서양에서는 타락한 기독교 중심 사회를 타파하고, 이성에 기초한 새로운 사회 체제의 변화를 주장하는 사상이 확산하였다.

일본사: 19세기 메이지 시대에는, 에도 시대의 봉건적 질서를 해체하고 새로운 근대국가 체제를 주장하는 사상이 확산하였다.

⑨ 르네상스(세계사: 근세)
Renaissance

14세기에서 16세기에 걸쳐 인간성(인간다움) 회복을 목표로 한 문화 혁신 운동.

➡ 신과 절대왕정의 종속물로 살아온 인간에서, 주체 의식을 깨닫게 되는 전환점이 되었다.

⑩ 대항해시대(세계사: 근세)
the age of discovery

15세기에서 17세기에 걸친 서양 국가들의 해외 진출 시대.

➡ 향후 중상주의의 도래, 봉건귀족의 몰락, 서구 열강이 세계를 지배하는 발판이 되었다.

⑪ 제국주의(세계사·일본사: 근대)
imperialism

군사력이나 경제력을 바탕으로 다른 나라를 침략하고 이권을 쟁취하는 정책.

➡ 19세기 산업혁명으로 이익을 얻은 자본가와 은행가들이 더 많은 이권을 확보하기 위해 다른 나라를 침략한 일이 실마리가 되었다. 향후 세계대전으로 이어진다.

⑫ 시민혁명(세계사: 근대)
bourgeois revolution

시민계급이 낡은 국가 권력을 타도하고, 정치권력을 비롯하여 국가와 관련된 권리 및 자유와 평등을 쟁취한 혁명.

➡ 시민이 봉기하여 국왕의 지배체제를 무너뜨린 프랑스 혁명이 대표적이다. 참고로 '혁명'은 피지배계급이 지배계급의 권력을 뒤집는 운동을 의미한다. 반면에 '쿠데타'는 지배계급 일부가 권력 강화를 위해 무력으로 체제를 전복하는 행위를 말한다.

⑬ 산업혁명(세계사: 근대)
industrial revolution

18세기 후반부터 19세기 전반에 걸친 생산 기술의 혁신으로 산업과 사회에 큰 변화를 불러온 사건. 19세기부터 근대화의 발판이 됨.

➡ 기계제 대공업에 따른 대량생산으로 산업자본주의 체제와 근대 공업 문명이 시작되었다.

⑭ 국민국가(세계사·일본사: 근대)
nation state

'○○민족', '○○언어', '○○문화'를 바탕으로 국민을 하나로 결집하여 성립하는 국가. 국민의 충성심과 소속감을 고취하는 국가정책 아래 발전된 개념.

➡ 국민이 하나로 뭉쳐 국가를 위해 헌신함으로써 막강한 힘을 얻지만, 그 대신 다른 민족, 지역 언어, 반국가적 사상은 억압받기도 한다.

⑮ 이데올로기(세계사: 현대)

ideology

사회나 국가가 가진 이념이나 신념 체계.

➡ 이념·개념을 의미하는 이데아(idea)에서 파생된 개념이다. 근대 이후 다양한 이데올로기가 등장해, 이를 추구하는 사람들에게 정체성을 부여하는 중요한 기준(모방 대상)이 되었다.

⑯ 냉전(세계사: 현대)

Cold War

제2차 세계대전 이후부터 1990년까지 미국과 소련을 중심으로 한 이념적·정치적 대립.

➡ 자본주의 진영과 사회주의 진영의 대립으로도 알려졌다. 직접 무기를 사용한 전쟁은 없었으나, 서로 핵무기와 같은 군비(軍備)를 증강하며 제3차 세계대전의 공포에 휩싸이게 되었다.

⑰ 세계화(세계사: 현대)

globalization

인간의 활동이 국경을 넘어 전 세계로 확산하는 현상.

➡ 교통수단 발달과 인터넷 보급으로 사람, 물건, 정보의 이동이 용이해졌고 개인과 사회 체제가 급격하게 변화했다.

⑱ 에도 시대(일본사: 근세)

Edo period(1603~1867)

에도*를 본거지로 도쿠가와 가문의 막부(쇼군의 본부)가 개국한 시대.

➡ 봉건 체제이면서도 서민 문화가 꽃핀 시기이다.

⑲ 전후 부흥 (일본사: 현대)

postwar reconstruction

제2차 세계대전 후부터 1950년대까지 경제적 재건과 발전이 급격히 이루어진 시기로, 일본의 경제 부흥기를 의미.

➡ 패전 후 일본은 '부흥'이라는 새로운 '서사(생활 방식·사회 체제)'를 얻었고, 이 부흥을 목표로 나아갔다고 할 수 있다.

⑳ 버블경제(일본사: 현대)

the bubble economy

1990년 무렵 일본의 경제 상황

➡ 부동산 가격이나 주가(株價)가 실제 가치보다 과도하게 부풀어 오르는(거품) 상황을 말한다. 부풀려진 가격으로 많은 사람들이 막대한 이익을 보았지만, 주가가 제자리를 찾으면서 버블은 붕괴되었고 은행을 비롯하여 수많은 기업이 파산했다.

㉑ 잃어버린 20년(일본사: 현대)

Lost Two Decades

1990년부터 2010년까지 일본 경제의 장기 불황 시기.

➡ 패전 후 일본은 '전후 부흥', '물질적 풍요'라는 '서사(생활 방식·사회 체제)'를 끝내고 버블 붕괴라는 결말을 맞이하게 된다. 그 후 일본 사회는 돌파구를 찾지 못하고 표류한다.

• 江戸. 일본 '도쿄'의 옛 이름. 도쿠가와 막부[德川幕府]가 있던 곳이다.

㉒ 심신이원론(철학: 근대)
mind-body dualism
이원론이란 서로 대립하는 두 가지 원리로 세상을 바라보는 관점.
심신이원론은, 정신과 물질을 분리하여 설명하는 데카르트의 철학적 견해.

➡ 원래 기독교 사회였던 서양은 천국과 지옥, 선과 악과 같은 이원론적 세계관을 가졌으나, 데카르트는 정신과 육체(물질)를 서로 다른 실체로 간주한 심신이원론을 주장했다. 데카르트와 뉴턴은, 철학과 과학의 연구 방향을 각각 정신과 물질 중심으로 이끌었다.

㉓ 변증법(철학: 근대)
Dialektik(독일어)
헤겔이 주장한 사유형식.
서로 반대되는 두 개의 주장을 통합하여 진리를 도출해 내는 방법.

㉔ 초인사상(超人思想)
스스로 판단하고 실천하는 인간을 지향하는 사상.
➡ 니체 사상 중 하나.
"신은 죽었다."라고 선언한 니체는 기독교와 사후 안식에 의존하기보다는 지금, 이 순간 살아가고 있는 자신의 삶을 스스로 결정하고 실천하는 초인(Übermensch〈독일어〉)으로 거듭나야 한다고 강조했다.

㉕ 실존주의
existentialism
19세기와 20세기 철학 사조로, 현재 이 세상에 실존하는 인간의 개별성과 주체성을 강조한 사상.

㉖ 구조주의(철학: 현대)
structuralism
20세기 철학사상으로, 사물의 의미를 그 자체가 아닌, 사물이 내포한 보편적인 구조(체계)로 이해하려는 사상.

㉗ 포스트구조주의(철학: 현대)
post-structuralism
20세기 후반의 철학사상으로, 구조주의의 한계를 비판하고 이를 극복하려는 철학적 접근.

<table>
<tr><td>

1-2
시대의 흐름 ❶
-거대서사의 탄생-

</td></tr>
</table>

KEYWORD

㉘ 서사(이야기)

story

인간 삶의 방식과 사회 모습.

➡ 허구로 전해지거나 지어낸 이야기와는 달리 인간의 일대기를 다룬 이야기를 뜻한다.

중세 이전에는 민족이나 종교마다 공통된 '서사'가 존재했다. 근대합리주의 등장 후 '과학이 발달한 풍요로운 물질문명으로 진보한다.'라는 전 세계적 차원의 '서사'가 등장했다. 이를 '거대서사'라고 한다. 그러나 포스트모던 시대에는, 개인 삶의 '서사'를 스스로 찾아 만들어야 하는 상황이 되었다. 이것을 '소서사'라고 한다.

㉙ 신화

myth

①예로부터 전해 내려오는 신들의 이야기

②근거 없는 믿음.

➡ 신화를 통해 사람들은 공통된 세계관(세계는 어떻게 이루어졌는지)과 규범(삶의 본보기)을 배울 수 있다. 오늘날에는 ②의 의미로도 종종 사용된다.

㉚ 이성

reason

본능이나 감정에 휘둘리지 않고 사고하고 판단하는 능력.

➡ 이성은 철학자마다 다르게 해석하지만, 기본적으로 '인간이 선천적으로 가지고 있는 뛰어난 사고력'이라고 보면 된다.

㉛ 대상

object

주체가 파악하려는 상대.

㉜ 법칙

law

같은 조건에서 반드시 성립하는 근본 원리.

➡ 과학적 분석으로 얻을 수 있다고 간주하며, 근대 이후 '정의'의 기준이 된다.

㉝ 보편

universal

시대와 장소를 불문하고 두루 통용되는 것.

➡ 근대 이후 서양 사회는 보편적 지식과 사상(과학·합리성)을 이용하여 세계의 보편화(제국주의·세계화)를 목표로 매진해 왔다.

↔ 반의어인 '특수'는 한정된 시대와 장소에서만 통용되는 것을 말한다.

㉞ 합리성

rationality

이치에 딱 들어맞는 성질.

➡ 인간이 가진 이성으로 획득된다고 보며, 근대 이후 '정의'의 기준이 된다.

35 근대합리주의

modern rationalism

'과학성'과 '합리성'을 '정의'의 가치 기준으로 삼는 사고방식.

➡ '합리주의'와 구별되며, 17세기부터 현대에 이르는 서양 중심의 과학적 사고와 문명을 포괄하는 개념으로 자주 사용한다.

36 진보주의

progressivism

인류와 세계는 발전하고 나아진다는 사상.

➡ 모든 세계는 서양처럼 과학 문명으로 발전한다는 신념이 서구 열강의 식민지 지배를 정당화했다.

KEYPERSON

① 데카르트

René Descartes(1596~1650)

프랑스 철학자로 대륙 합리론의 창시자.

근대철학의 아버지로 불린다.

➡ 데카르트는 사물의 본질을 냉철하게 바라보며, "나는 생각한다. 고로 존재한다."(사물의 본질을 끊임없이 의심하더라도, 의심하는 나는 분명히 존재한다)라는 결론에 도달했다. 이 결론을 바탕으로 '심신 이원론'과 '기계론적 자연관'을 주창하며 근대철학의 기틀을 다졌다.

② 뉴턴

Isaac Newton(1642~1727)

영국의 물리학자이자 철학자로, 근대 물리학의 아버지로 불린다.

➡ 만유인력의 법칙을 발견한 과학자로 유명하다. 갈릴레이와 뉴턴을 계기로, 기존의 '세계는 신의 계획과 목적에 의해 이루어졌다.'라는 인식에서, '세계는 어떠한 법칙에 따라 이루어졌다.'라는 인식으로 바뀐다.

1-3
시대의 흐름 2
-거대서사의 종언-

KEYWORD

---

37 포스트모던 시대

postmodern

'근대 사상을 탈피한다.'라는 의미로 '정의'의 기준이
다양화된 사회.

➡ 근대합리주의의 '정의'의 기준이었던 '과학성'과
'합리성'은, 현대사회에서는 더 이상 신뢰를 얻지 못
했다. 그로 인해 '정의'의 기준이 사라지고, 다양한
가치관(올바르다고 여기는 것)을 인정하며 '가치관의
다양화'를 가져왔다.

38 정체성 위기(아이덴티티 크라이시스)

identity crisis

'아이덴티티'는 확고한 '나다움'을 유지하는 것. '크
라이시스'는 '위기'라는 뜻. '아이덴티티 크라이시스'
는 '나다움'을 잃어버리고 자신이 누구인지, 어떤 사
람으로 살아야 하는지에 대한 혼란과 갈등을 경험하
는 심리적 상태.

➡ '나다움'을 확립하려면 닮고 싶은 대상이나 기준
(모방 대상)이 필요하지만, 현대 사회에서는 '가치관
의 다양화'로 무엇이 '올바른 기준'인지 판단하기 어
려워졌다.

2

Chapter

철학
Philososphy

철학은 '나'를 어떻게 바라보았을까?

이 장에서는 중세 이후 철학의 역사를, '나'를 바라보는 관점을 통해 이야기하고자 합니다.
각 시대의 '나'를 바라보는 관점을 중요한 흐름을 통해 살펴봄으로써 각 시대의 유명한 철
학 사조를 이해합니다.

교양을 쌓자
ENRICH YOUR EDUCATION

🔍 주요 키워드

☑ 스콜라학 ☑ 기계론 ☑ 대륙 합리론 ☑ 연역법
☑ 백지상태의 마음 ☑ 경험론 ☑ 귀납법 ☑ 독일 관념론
☑ 변증법 ☑ 근대적 자아 ☑ 진보주의 ☑ 초인사상
☑ 근대합리주의 ☑ 실존주의 ☑ 구조주의 ☑ 이데올로기
☑ 모델 ☑ 정체성(아이덴티티)

근대의 '나'

─근세와 근대 사이에 태동한 '나'라는 인식─

들어가기에 앞서 근세에서 근대에 걸친 철학의 계보를 파악합니다. 이해하기 쉽도록 근세에서 근대까지의 철학 사조를 도식화했습니다. 이 흐름에 따라 이야기를 풀어나가겠습니다.

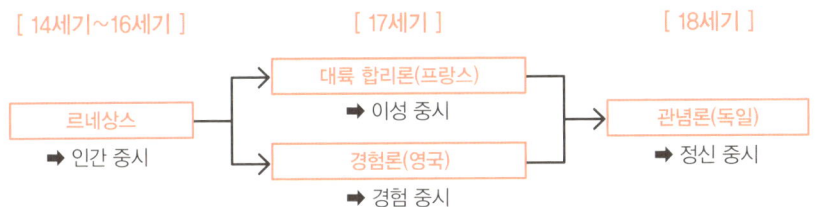

① 르네상스

14세기에서 16세기 사이 유럽에서 태동한 **르네상스 ①** 는 신에게 복종하는 중세의 가치관에 반기를 들고 인간의 **개성 ②** 과 **합리적 ③** 정신을 존중하고자 한 인간해방 운동입니다. 르네상스를 계기로 사람들의 가치관에 변화가 일어납니다.

[과거의 가치관]   [르네상스 이후 가치관]

인간의 의식은 '나'가 아닌 '신'을 향해 있었다.

기독교 이전의 그리스와 로마를 이상향으로 삼고 '인간' 그 자체에서 가치를 찾는다.

이렇게 '신'에서 '나'에게로 의식이 전환하는 토대가 마련됩니다.

2 나는 생각한다. 고로 존재한다 4

17세기 프랑스 철학자 데카르트①는 확실하게 존재하는 실체를 찾기 위해, 눈에 보이는 대상을 비롯하여 지금까지의 상식이나 학문처럼 세상 모든 존재가 진정 실재하는지 철저하게 의심합니다. 그 결과, 진정으로 존재하는지 의심하는 '나'만은 분명히 존재한다는 결론에 도달합니다.

데카르트는 신의 가르침을 기준으로 삼던 기존의 학문으로부터, 새로운 학문의 기준(의심할 여지 없이 존재하는 것)을 찾기 위해 만물의 존재를 의심했다.

만물의 존재를 의심한 자신의 의식만이 의심할 여지 없이 분명하게 존재한다는 사실을 깨닫는다.
➡ '나'의 이성을 학문의 기준으로 삼는다.

이를 통해 분명하게 존재하는 '나'의 '이성 **6**'을 기준으로 삼고 정신 **7**을 주체 **8**, 물질을 객체 **8**로 분리하여 고찰하게 됩니다. 이것을 심신이원론 **9**이라고 합니다.

[심신이원론]

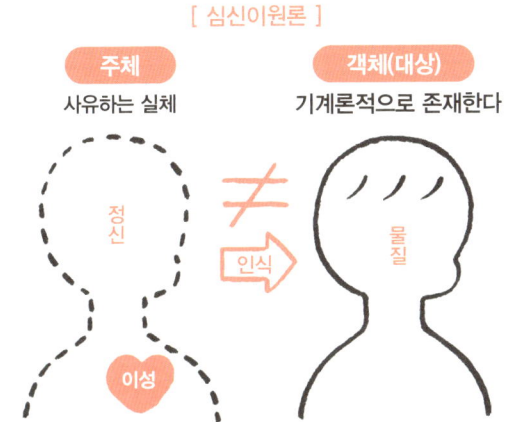

'이성'을 지닌 '나'의 정신은 실체로서 존재하며,
기계론 **10**적 (정신과 의지가 없는) 물질과는 별개라고 생각한다.

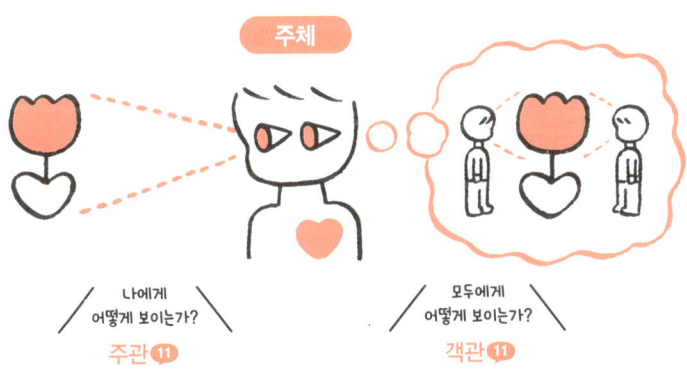

주체가 객체를 인식 **12**함에 있어 이성을 기반으로 하면 객관적으로 파악할 수 있다!!

❸ 대륙 합리론과 경험론

데카르트의 사고방식은, '나'의 중심에는 태어나면서부터 고결한 '이성'이 갖추어져 있으므로 이 고결한 '이성'을 주축으로 삼으면 사물을 올바르게 인식하게 된다는 것입니다. 이러한 철학적 사고는 프랑스를 중심으로 유럽 대륙에서 확립되었다고 하여 대륙 합리론 ⑬ 이라고 부릅니다. 대륙 합리론은 진리를 탐구하는 방법으로 연역법 ⑭ 을 사용합니다.

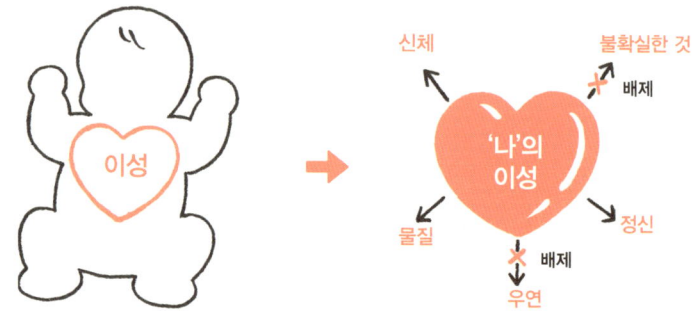

[대륙 합리론]

인간은 태어나면서부터 고결한 '이성'을 부여받는다!

이성을 바탕으로 사물을 인식한다.

'나'에게 이미 존재하는 '이성'을 중심으로 대상을 인식하고자 했다.
그때에는 우연 ⑮ 과 같은 불확실한 요소는 배제한다.

[연역법]

일반 ⑯ 적인 이론 ⑰ 을 바탕으로 '이성'을 활용하여
구체 ⑱ 적인 개별 ⑯ 사실을 유추해 나가는 방법.

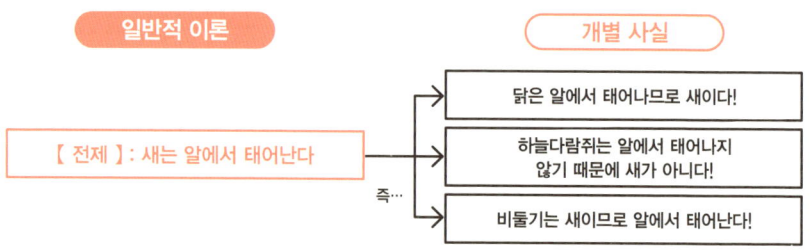

※ '삼단논법'도 연역법의 하나이다. 연역법에서는 전제가 되는
'일반 이론'이 틀리면 '개별 사실'도 틀리게 되므로 진리에 이르지 못한다.

반면 영국의 철학자 **베이컨**②과 **로크**③의 생각은, '나'의 중심에는 타고난 이성 따위는 없는 **백지상태의 마음(타블라 라사)**⑲이며, 감각적 경험을 반복하면서 지성과 인식이 길러진다는 입장입니다. 이러한 사고방식은 대륙 합리론에 맞서 **경험론**⑳이라고 부릅니다. 경험론에서는 진리를 탐구하는 방법으로 **귀납법**㉑을 사용합니다.

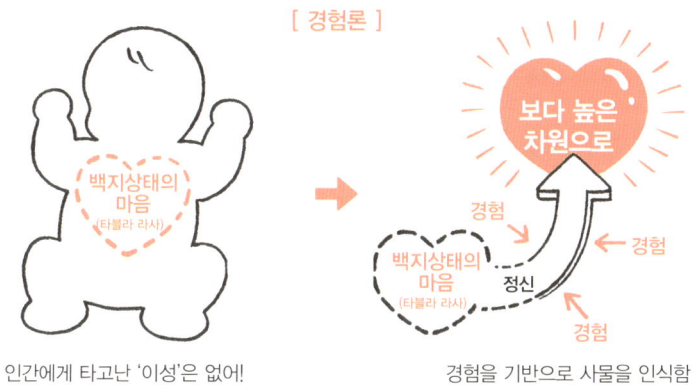

[경험론]

인간에게 타고난 '이성'은 없어!

경험을 기반으로 사물을 인식함

'나'는 백지상태의 마음(타블라 라사)으로 태어나며,
감각적이고 지각적인 경험을 축적해 나가면서 지식을 획득하게 된다.

[귀납법]

관찰과 실험으로 획득한 개별 사례를 바탕으로
공통된 일반적인 결론을 도출해 내는 방법

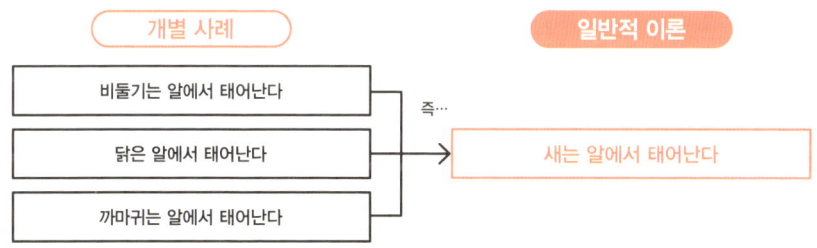

※ 귀납법에서는 '개별 사례'가 많을수록 진리에 더욱 가까워진다.

4 독일 관념론

18세기가 되자 독일에서는 대륙 합리론과 경험론을 통합한 철학이 등장합니다. **독일 관념론㉒**입니다. 다음에는 **칸트④**의 **코페르니쿠스적 전환㉓**과 **헤겔⑤**의 **변증법㉔**을 소개합니다.

[코페르니쿠스적 전환]

코페르니쿠스적 전환이란, 인간이 대상을 인식하는 방법에 대한 상식을 뒤엎는 것을 말합니다. 지금까지 우리는 사물을 있는 그대로 인식한다고 생각했습니다. 그러나 칸트는 실제로는 '인식의 틀'에 끼워 맞춘 인식만 할 수 있다고 보았습니다.

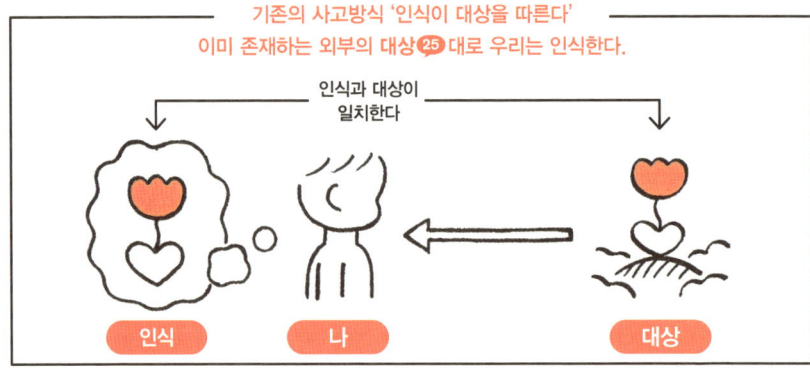

기존의 사고방식 '인식이 대상을 따른다'
이미 존재하는 외부의 대상㉕대로 우리는 인식한다.

인식과 대상이
일치한다

인식　　　나　　　대상

코페르니쿠스적 전환

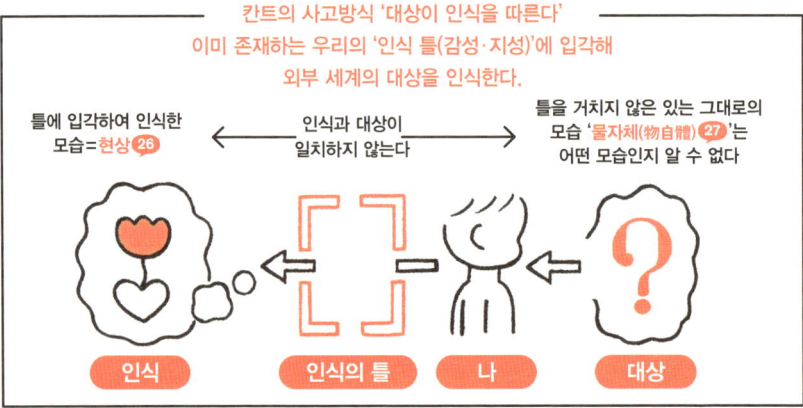

칸트의 사고방식 '대상이 인식을 따른다'
이미 존재하는 우리의 '인식 틀(감성·지성)'에 입각해
외부 세계의 대상을 인식한다.

틀에 입각하여 인식한
모습=현상㉖

인식과 대상이
일치하지 않는다

틀을 거치지 않은 있는 그대로의
모습 '물자체(物自體)㉗'는
어떤 모습인지 알 수 없다

인식　　　인식의 틀　　　나　　　대상

[헤겔의 변증법]

대립하는 두 개의 주장(테제 **28** 와 안티테제 **28**)을 통합하여 보다 합당한 결론(진테제 **28**)을 도출해 내는 것. 헤겔은 변증법을 반복하고 실천 **17** 해 나가는 것을 통해, 자신도 사회도 변화를 거듭하여 더욱 높은 차원으로 발전한다고 보았다.

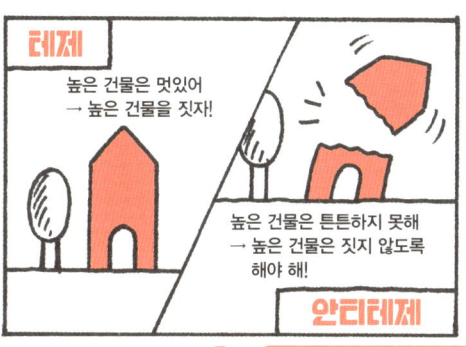

어느 한쪽을 선택하면 다른 한쪽은 성립하지 않는, 대립하는 두 개의 주장(테제와 안티테제)이 있다.

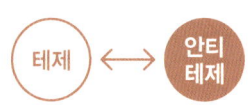

양쪽 주장을 통합하여 발전적인 결론(진테제)을 도출해 낸다.

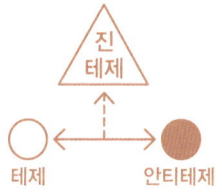

진테제를 새로운 테제로 삼아 변증법을 반복함으로써 나도 사회도 발전한다.

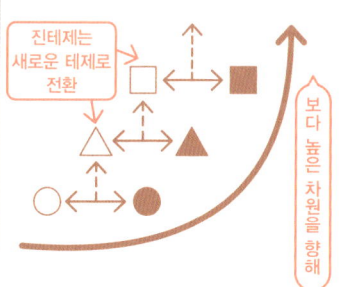

⑤ 근대적 자아

이처럼 17, 18세기 철학 및 사회와 예술의 사상적 조류는 '나'에 대해 '근대적 자아 ❸⓪'라는 개념을 만들어냅니다. 이 근대적 자아의 개념은 '나'의 이상적인 모습을 제시했지만, 반대로 사람들을 구속하기도 합니다.

[근대적 자아]

보편 ❸① 적이고 확고한 자아 ❸② 가 신체와 사회를 지배한다.
이러한 '나'가 이상이 된다.

근대 철학에서 '나'라는 개념에 대한 공통점은 '정신의 진보주의 ③③ '입니다. 이 시기에는 정신의 높은 경지에 도달하기 위한 각종 방법론이 활발하게 논의됩니다. 그러나 이렇게 '진보'한 '나'는, 생각했던 것처럼 훌륭한 인간이었을까요? 현대에 접어들면서 근대적 자아에 대한 회의적 시각에 직면하게 됩니다.

[현실의 '나']

현실의 '나'는, 이상으로 여기는 근대적 자아에 이르지 못하고 고뇌한다.

 2-2 '나'에 대한 의문

−'나'의 의식이 의심받기 시작하다−

현대의 '나'에 대한 인식을 형성하는 계기, 과도기라고도 할 수 있는 시대로 넘어가 보지요. 이 시기부터 '나'에 대한 불신이 시작됩니다.

1 신은 죽었다

19세기 독일 철학자 니체는 당시 유럽 대중사회의 '나'의 개념을 부정하고, 신 없이도 자신을 다스릴 수 있다는 초인 사상 34 을 제창합니다.

19세기 사람들은 불평등에 대한 불평불만만 늘어놓았다. 죽고 난 후 신의 구원만을 기대했을 뿐, 현실을 바꿀 생각은 하지 않았다.
➡ 사람들의 마음속 깊은 곳에는 약자가 품은 원한(怨恨)(르상티망) 35 이 깔려 있다.

지금, 이 현실을 신에게 의지하지 말고 스스로 판단하여 행동할 수 있는 존재(초인)가 되자!!
➡ 실존주의 철학의 선구자가 된다.

② 무의식의 발견

같은 19세기에 **프로이트** ⑦ 와 **융** ⑧ 이라는 정신과 의사가 '**무의식** ㊱ '을 연구합니다. 이들의 연구 결과는 서양인들에게 두 가지 의미에서 혁명적이었습니다. 하나는, '나'라는 사람은 자신의 마음조차 마음먹은 대로 움직이지 못하는 존재라는 것입니다. 또 하나는 자기의 중심은 자아가 아니었다는 사실입니다.

'나'의 **의식** ㊱ 은 '내' 안의 무의식을 내 맘대로 **제어** ㊲ 하지 못한다.

'나'의 중심은 자아와 의식이 아닌, 무의식에 휘둘리는 존재에 불과하다.

③ '나'에 대한 의심

19세기 이후 '나'는 뛰어난 존재라는 믿음에 금이 가기 시작합니다. 더욱이 20세기에 이르러 제1차 세계대전이 발발하면서, 세계의 중심이어야 할 서양이 스스로의 손에 의해 잿더미가 됩니다. 이로 말미암아 당시 서양의 가치관(근대합리주의와 진보주의)도 차츰 흔들리게 됩니다.

[19세기 이전]

유럽인은 우월한 인종이야! 난 대단한 사람!

무엇이든 마음먹은 대로 할 수 있지~

'나'의 자아와 의식은 자신은 물론 세계도 마음대로 움직일 수 있다.

[19세기 후반]

기독교 사회의 대중은 틀렸어~!

인간은 무의식의 꼭두각시다~

'나'라는 존재는 생각만큼 대단치 않다는 사실을 깨닫는다.

엎친 데 덮친 격으로…

[20세기 전반]

'나'는 누구일까? 어떻게 살아야 하지?… 유럽인들은 우월한 민족 아니었어…?

세계의 이상향이자 본보기라 여겼던 유럽은 잿더미가 되었다.

'나'라는 존재에 대해 새로운 시각으로 '재인식'하기 시작한다.

이렇게 '나'에 대해 새로운 시각으로 '재인식'하게 됩니다. '나'라는 존재는 흔들리지 않는 견고한 존재가 아니라, 한 사람 한 사람이 수많은 '인연'과 '얽히고설킨' 관계성 속에서 갈팡질팡하는 존재임을 다시금 깨닫게 되지요.

'나'는 이성과 경험을 통해 과학기술을 발달시켜 미래를 향해 발전해 나가는 존재.
➡ 하지만 손에 넣은 미래는 변변치 않았다.

다양한 타인들과의 관계

'나'는 다양한 '인연'과 수많은 '관계' 속에서 끊임없이 흔들리는 존재.
➡ 자신 이외의 존재인 〈타자〉와의 관계성에 주목하기 시작한다.

이렇게 '나'라는 존재가 재인식되고, 20세기로 접어들자 '나'를 보는 다양한 관점이 제시되게 됩니다. 다음으로 '나'에 대한 새로운 관점들을 살펴봅니다.

 현대의 '나'
─세계와 소통을 추구하다─

20세기에 접어들자, 다양한 방식으로 '나'라는 존재가 재조명됩니다.

① 실존주의

근대합리주의 **38** 는 어떤 대상을 연구할 때, 대상을 분해하여 분해한 결과들을 조목조목 분석하는 연구 방식을 취합니다. 대상을 '분류'함으로써 많은 사실이 '규명'되었지만, 그 대신 다양한 '연결고리'를 잃어버리게 되었지요.

[근대합리주의]

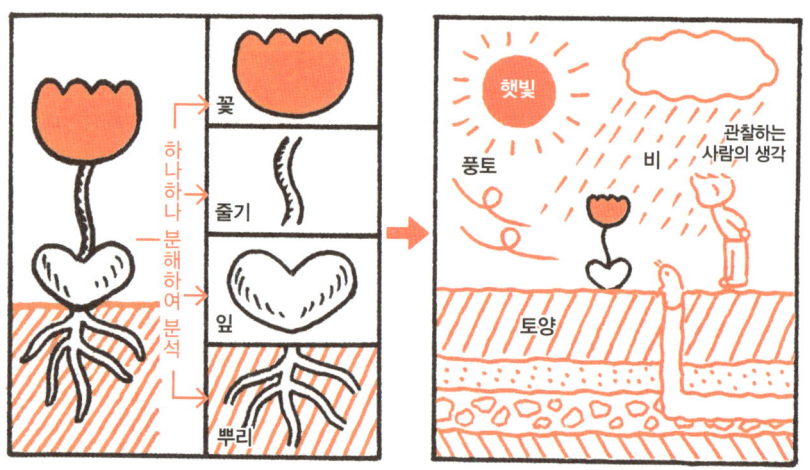

대상을 분해하고 분석함으로써 구조와 법칙을 밝혀낸다.

대상 외의 여러 가지 '연결고리'는 무시한다.

그래서 20세기 전반에 걸쳐 인간이라는 존재를, 한 사람 한 사람 특별하고 대체할 수 없는 존재(실존)로 간주하여 적극적으로 세계와 소통하고자 합니다. 이러한 분위기 속에서 자기 나름대로 세계와 '인연'을 맺고자 하는 사상이 싹틉니다. 이를 실존주의 39 라고 합니다.

[실존주의]

인간은 '관계성'을 느낄 수 없는 세계에서는 삶의 의미를 잃어버린다.

지금껏 근대합리주의가 배제해 온 '타자'와 '세계'와의 관계, '우연'적인 요소까지 모두 받아들여 소통해 나감으로써, 그 모든 것들과 '필연 15'적으로 '연결'된 소중한 존재가 된다.

② 구조주의

근대합리주의는 '이성'을 가진 인간이 문화와 문명을 이룩하고 세계를 움직인다고 믿었습니다.

[근대합리주의]

인간은 '세상'을 마음먹은 대로 조정할 수 있다고 생각했다.

그러나 20세기 중반 무렵부터 프랑스를 중심으로 언어와 문화, 사회와 인간의 마음에는 눈에 보이지 않는 구조(틀)가 존재하며, 인간은 그 구조 안에서 선택하고 인식할 수밖에 없다는 사고방식이 퍼지게 됩니다. 눈에 보이지 않는 다양한 '구조'를 밝혀내는 철학적 입장을 '**구조주의** ④'라고 합니다.

[20세기 중반 이후]

사실, 인간은 자신도 모르는 사이 '세계의 구조'를 통해 조정당하고 있었던 것은 아닐까.

3 자기와 타자, 정신과 신체

현대 철학에서는 자기 **41** 와 타자 **41** 의 경계는, 근대합리주의처럼 명확하게 구분되는 것이 아니라고 생각합니다. 정신과 신체 **42** 역시 명확한 경계가 없다고 보지요. 그 경계는 각각의 입장이나 상황과 같이 크고 작은 '관계' 속에서 달라지기 때문입니다.

[자기-타자론]

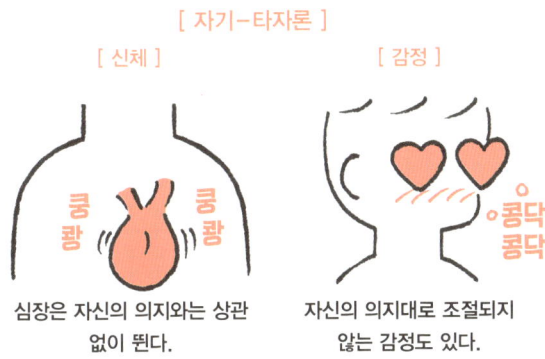

[신체]

심장은 자신의 의지와는 상관 없이 뛴다.

[감정]

자신의 의지대로 조절되지 않는 감정도 있다.

'나'의 '신체'나 '감정'은 항상 내 뜻대로만 움직인다고 볼 수 없는데, 이를 '자기'라고 할 수 있을까?
오히려 통제할 수 없는 '타자'로 보아야 하지 않을까?

[정신-신체론]

[상태]

감정은 신체 상태의 영향을 받는다.

[인식]

사물은 신체에서 인식할 수 있는 범위 안에서만 이해할 수 있다.

[언어]

신체는 그 장소의 분위기를 조성하는 언어가 되기도 한다.

'나'의 정신은 '신체'의 영향을 받으며 영향을 받는 방식도 모두 다르므로
'정신'과 '신체'로 명확하게 나눌 수 없다.

④ 정체성 위기

오늘날에는 정체성(아이덴티티) ㊸의 의미가 여러 갈래로 해석되고 있습니다만, 쉽게 말하면 '나다움'을 가리킵니다. 사람은 혼자서 고유한 '나다움'을 만들어내지 못합니다. 어떤 '모델 ㊹(모방 대상)'이 필요한 법이죠.

[정체성(아이덴티티)]

예전에는 삶의 방식이 어느 정도 미리 결정되어 있어서 삶의 방식에 대해 고민할 일도 없었다.

'중세 이전 자아정체성 모델'
• 각 종교에 따른 신의 가르침
• 촌락 공동체의 규범

'근대 이후 자아정체성 모델'
• 국가가 바라는 국민다움
• 민족이 바라는 ○○인다움
• 국민국가 ㊺의 이데올로기 ㊻

이처럼 과거에는 이미 '모델'이 존재했기 때문에 '나다움'을 찾을 필요가 없었습니다. 그러나 근대 사상에서 탈피한 **포스트모던 시대 47**가 도래하자 '정의'의 기준이 산산이 부서지면서 '모델'이 사라져 버립니다. 이것이 **정체성 위기(아이덴티티 크라이시스) 48**의 시작입니다.

[정체성 위기(아이덴티티 크라이시스)]

삶의 모델은 이미 존재하는 것이 아니라 <u>스스로 찾아야 한다.</u>
➡ 모델을 찾기 위해 고군분투하던 사람들은 과거의 '정의(종교나 민족)'에 매달리거나 허울뿐인 **패션 49**에 집착하게 된다.

'현대의 자아정체성 모델을 둘러싼 환경'
・포스트모던 시대에 따른 가치관의 다양화
・**세계화 50**의 영향으로 국민국가의 쇠퇴
・대중 매체의 영향으로 넘쳐나는 모델과 추종하는 모델의 급속한 변화
　➡ 모델이 너무 세분된 나머지 선택할 수 없게 되었다고 할 수 있다.

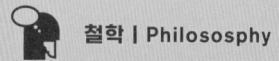

핵심 용어와 핵심 인물을 알아보자
KEYWORD & KEYPERSON

중세에서 근세로 접어들면서 '나'라는 존재는 '능력'과 '지혜'를 차곡차곡 쌓아갑니다. 그리하여 '나'라는 존재를 고결한 '이성'을 부여받은 견고하고 전지전능한 존재로 여기게 되지요. 그러나 근대 이후, '나'라는 존재는 그저 무의식, 사회, 언어, 문화와 같은 무수히 많은 '관계' 속에서 영향을 받는 존재일 뿐이라고 새롭게 인식하기 시작합니다.

※ 앞 Chapter에서 소개한 키워드는 간단하게만 짚고 넘어갑니다.

<table>
<tr><td>

2-1
근대의 '나'
−근세와 근대 사이에 태동한 '나'라는 인식−

</td></tr>
</table>

KEYWORD

① 르네상스 (→ Chapter 1)
14세기에서 16세기에 걸쳐 일어난 인간성(인간다움)
회복을 목표로 한 문화 혁신 운동.

② 개성
personality / individuality
personalit: 그 사람 특유의 성질.
individuality: 공동체에서 독립된 존재.
➡ 개별성의 존중(respect for individuality)이란 개개
인을 독립된 인간으로서 인정하는 것. 그 사람이 지
닌 독특함을 인정하는 것과는 다르다.

③ 합리적
rational
인습이나 미신에 얽매이지 않고 논리에 맞는 모습.

④ 나는 생각한다, 고로 존재한다
cogito ergo sum(라틴어)
'아무리 사물의 존재를 의심한다 해도, 의심하는 나
는 명백히 존재한다.'라는 데카르트 철학의 근본원리.

⑤ 스콜라학
scholasticism
중세 유럽에서 주로 신에 대한 신앙을 기반으로 삼
는 학문
➡ 원래 스콜라학은 종합 학문이지만, 현대 학문에서
는 신앙을 '정의'의 기본으로 삼는 예로 자주 쓰인다.
참고로 '스콜라'는 '스쿨(학교)'의 어원이다.

⑥ 이성 (→ Chapter 1)
rationality
본능이나 감정에 휘둘리지 않고 사고하고 판단하는
능력.

⑦ 정신
spirit
인식하거나 사고하는 마음의 영역
➡ '마음'은 개인의 내면을 의미하지만, '정신'은 인간
으로서 높은 차원의 마음 영역을 말한다.

⑧ 주체·객체
subject / object
우리가 보고, 느끼고, 생각할 때, 보는 쪽이 주체이고
보이는 쪽이 객체이다.
➡ 원래는 주체도 객체도 존재하지 않으며, 보거나
보이는 관계가 있어야만 비로소 존재한다. '주체적'
이라는 말은 '스스로 솔선수범해서'라는 뜻으로 쓰
이는 경우가 많다.

⑨ 심신이원론 (→ Chapter 1)
이원론이란 서로 대립하는 두 가지 원리로 세계를 파
악하는 관점.
심신이원론은 정신과 물질을 분리하여 고찰하는 데
카르트의 철학적 견해를 말한다.

⑩ 기계론

mechanism

자연현상은 마음이나 정신, 영혼과는 무관하게 역학적인 인과관계로 이루어진다고 보는 입장.

➡ 이후 과학은 기계론적 입장에서 대상을 분석하고 법칙을 도출하고자 한다.

⑪ 주관·객관

subject / object

주체가 보고 느끼고 생각하는 내용은 주관이고, 주체 이외의 누가 봐도 똑같이 보이거나 느끼거나 생각하는 내용이 객관이다.

⑫ 인식

recognition

사물의 본질까지 알아차리는 것.

⑬ 대륙 합리론

continental rationalism

경험과 우연을 배제하고, 이성을 통해 사물을 파악하려는 입장

➡ 17세기 유럽 대륙에서 프랑스를 중심으로 전파되었다고 하여 '대륙 합리론'이라고 부르게 되었다.

⑭ 연역법

deduction

일반적 사실이나 이론을 전제로 이성적 사고를 통해 개별적 사실이나 원리를 결론으로 이끌어내는 추론 방법.

➡ 대륙 합리론의 기본 사고방식. '삼단논법'도 연역법의 일종.

⑮ 우연·필연

chance / inevitability

우연은 어쩌다 일어난 일이고, 필연은 반드시 그렇게 된다고 정해진 일이다.

➡ 사물의 성질이나 본질을 추출하여 파악하는 것을 '추상'이라고 하는데, 그때 다른 성질을 버리는 일을 '사상(捨象)'이라고 한다. 대륙 합리론은 대상을 연구할 때 우연성을 배제했다. 참고로 '개연성'은 확실하게 일어날 법한 정도를 말한다.

⑯ 일반·개별

generality / individual

전체에 두루 해당하는 것이 일반이고, 전체에서 분리된 하나하나가 개별이다.

⑰ 이론·실천

theory / practice

다양한 법칙을 체계화한 논리가 이론이고, 이론을 행동으로 옮기는 것이 실천이다.

⑱ 추상·구체

abstract / concrete

사물의 성질이나 본질을 추출하여 파악하는 작용이 추상이고, 인간이 직접 경험하거나 지각할 수 있도록 일정한 형태와 성질을 갖추는 것이 구체이다.

➡ '추상적', '구체적'은 어떤 대상을 비교하여 자세히 알고 있는지 아닌지를 판단하는 것을 말한다. 덧붙여 '사상(捨象)'은 다른 성질을 버리는 것이므로, 구체를 사상하는 것이 추상이라고 할 수 있다.

⑲ 백지상태의 마음(타블라 라사)

tabula rasa(라틴어)

갓 태어난 인간의 마음은 '아무것도 쓰여 있지 않은 백지와 같다'고 여기는 것.

➡ 인간은 선천적으로 이성을 부여받는다는 대륙 합리론에 반하는 경험론의 사고방식.

⑳ 경험론

empiricism

인간의 지식이나 의식의 기원은, 이성이 아닌 감각의 경험에 있다는 철학적 입장.

➡ 주로 영국을 중심으로 발전했기 때문에, 대륙 합리론에 빗대어 '영국의 경험론'이라고도 불린다.

㉑ 귀납법

induction

개별의 구체적인 사례들을 쌓아감으로써 하나의 일반적인 법칙이나 결론을 이끌어내는 추론 방법.

➡ 경험론의 기본 사고방식.

㉒ 독일 관념론

German idealism

18세기 후반부터 19세기에 걸쳐 발전한 독일 철학.

➡ 물질보다 관념을 중시하여 세계의 보편적인 체계를 만들려고 했다. '관념론'은 비현실적인 이상론이라는 의미로도 사용된다.

㉓ 코페르니쿠스적 전환

Copernican Revolution

사물의 발상이나 상식을 근본적으로 뒤집는 것.

➡ 칸트는 인간의 인식에 대한 상식을 뒤엎는 이 전환을 천동설에서 지동설로 전환한 코페르니쿠스에게 빗대어 '코페르니쿠스적 전환'이라고 명명하였다.

㉔ 변증법 (→ Chapter 1)

서로 반대되는 두 개의 주장을 통합하여 발전적인 결론을 도출해 내는 방법.

헤겔이 제창한 사유형식이다.

㉕ 대상 (→ Chapter 1)

주체가 파악하려고 하는 상대.

㉖ 현상

phenomenon

주체가 파악한 대상의 모습.

➡ 현상은 어디까지나 사람의 지각이 파악한 모습일 뿐 대상과 일치하는 것은 아니다.

㉗ 물자체(物自體)

thing in itself

인간이 인식하기 이전의 사물 본래의 모습.

➡ 인간은 인간 안에 존재하는 아프리오리의 '인식구조'를 통한 모습으로만 사물을 인식할 뿐, 물자체가 어떤 모습인지는 누구도 알지 못한다. 생득적·태생적인 것은 아프리오리(a priori(라틴어)), 후천적으로 태어난 후에 얻어지는 것을 아포스테리오리(a posteriori(라틴어))라고 한다.

➡ 대륙 합리론은 아프리오리를 중시하고 경험론은 아포스테리오리를 중시한다.

㉘ 테제·안티테제·진테제

these / antithese / synthese(독일어)

논리를 전개하기 위한 최초의 명제가 테제이고, 테제와 대립하는 명제가 안티테제이다. 테제와 안티테제를 보다 높은 차원에서 통일하는 과정이 진테제이다.

29 지양(止揚)

aufheben(아우프헤벤, 독일어)

상반되는 두 개의 주장을 높은 차원에서 통일하는 것.

➡ 헤겔의 사고법.

30 근대적 자아

집단에 의해 조정당해도 흔들리지 않는 고유한 개인으로서 결정하고 행동하는 이상적 자기 자신.

➡ 18세기부터 19세기에 걸쳐 바람직한 자아의 이상적 모습. '근대적'이라는 말이 붙은 자아는 이상으로서의 자아라고 보면 된다.

31 보편 (→ Chapter 1)

시대와 장소를 불문하고 두루 통용되는 것.

32 자아

ego

의식하여 행동하는 주체로서의 자기.

➡ '근대적'이라는 말이 붙지 않는 자아는, 현실 속 자아라고 보면 된다.

33 진보주의 (→ Chapter 1)

인류와 세계는 발전하고 나아간다는 사상.

KEYPERSON

---

① 데카르트 (→ Chapter 1)

프랑스의 철학자로 대륙 합리론의 창시자.

근대철학의 아버지로 불린다.

② 베이컨

Francis Bacon(1561~1626)

영국의 철학자로 경험론의 창시자.

③ 로크

John Locke(1632~1704)

영국의 철학자로 경험론을 설파하였다.

④ 칸트

Immanuel Kant(1724~1804)

독일의 철학자로 관념론의 창시자.

코페르니쿠스적 전환을 설파하였다.

⑤ 헤겔

Georg Wilhelm Friedrich Hegel(1770~1831)

독일의 철학자로 독일 관념론의 완성자.

변증법을 제창하였다.

2-2
'나'에 대한 의문
－'나'의 의식이 의심받기 시작하다－

KEYWORD

---

34 초인사상 (→ Chapter 1)
스스로 판단하고 실천하는 인간을 지향하는 사상.
니체 사상 중 하나.

35 원한(怨恨)
ressentiment(르상티망, 〈프랑스어〉)
사회적 강자에 대한 사회적 약자의 원망과 한탄.
➡ 니체가 19세기 부패한(나태한) 기독교 사회의 대
중을 비판한 용어. 패배 의식만 있고 현실을 타파하
려 하지 않는 사람들의 원망과 열등감을 말함.

36 의식·무의식
consciousness / unconsciousness
자기 안에서 자각할 수 있는 내면이 의식이고, 자각
하지 못하는 내면은 무의식이다.
➡ 의식은 무의식을 통제하는 역할을 한다.

37 제어
control
대상을 자기 생각대로 억제하고 지배하는 것.

KEYPERSON

---

⑥ 니체
Friedrich Wilhelm Nietzsche(1844~1900)
독일의 철학자이자 실존주의자. 초인사상을 제창
했다.

⑦ 프로이트
Sigmund Freud(1856~1939)
오스트리아에서 활약한 정신과 의사로, 정신분석학
의 창시자. 무의식을 연구했다.

⑧ 융
Carl Gustav Jung(1875~1961)
스위스의 정신과 의사이자 심리학자로 무의식을 연
구했다. 프로이트의 영향을 받았지만, 견해 차이로
결별하고 독자노선을 걷는다.

2-3
현대의 '나'
-세계와 소통을 추구하다-

KEYWORD

38 근대합리주의　　　(→ Chapter 1)
'과학성'과 '합리성'을 '정의'의 가치 기준으로 삼는
사상.

39 실존주의　　　(→ Chapter 1)
19세기와 20세기의 철학 사조로, 현재 이 세상에 실
존하는 인간의 개별성과 주체성을 강조한 사상.

40 구조주의　　　(→ Chapter 1)
20세기 철학사상으로, 사물의 의미를 그 자체가 아
닌, 사물이 내포한 보편적인 구조(체계)로 이해하려
는 사상.
➡ '나'를 배제한 채 보편적인 구조를 파악하려는 입
장이다. 20세기 후반, 구조주의의 한계가 드러나면
서 다시금 '나'의 정체성에 주목하는 '포스트구조주
의(post-structuralism)'가 등장한다.

41 자기·타자
스스로 '나'라고 여기는 범위가 자기이고, '나 이외의
것'이라고 여기는 범위가 타자이다.
➡ 예를 들면, 옷을 입은 자신을 자기라고 생각하면
옷 또한 자기이며 옷을 벗으면 그 옷은 타자가 되듯
이, 자기와 타자의 경계는 명확하게 정해진 것이 아
니라고 본다.

42 신체
정신을 담는 '그릇'으로서 인간의 영역.
➡ '정신'과 '신체'는 서로 영향을 주고받으므로 그 경
계는 끊임없이 변화한다.

43 정체성(아이덴티티)
'나다움'을 확고히 가지고 나의 본질적 특성을 일관
되게 유지하는 것.

44 모델
모범이나 본보기가 되는 것. 모방 대상.
➡ 정체성의 '나다움'은 모범이나 모방 대상이라고
도 할 수 있다.

45 국민국가　　　(→ Chapter 1)
'○○민족', '○○언어', '○○문화'를 바탕으로 국민
을 하나로 결집시켜 성립하는 국가. 국민의 충성심과
소속감을 고취하는 국가정책 아래 발전된 개념이다.

46 이데올로기　　　(→ Chapter 1)
사회나 국가가 가진 이념이나 신념 체계.

47 포스트모던 시대　　　(→ Chapter 1)
'근대 사상을 탈피한다.'라는 의미로 '정의'의 기준이
다양화된 사회.

48 정체성 위기(아이덴티티 크라이시스)
(→ Chapter 1)

'나다움'을 잃어버리고, 자신이 누구인지 어떤 사람으로 살아야 하는지에 대한 혼란과 갈등을 경험하는 심리적 상태.

49 패션

주로 복장에서의 유행을 의미함.

➡ '나다움'의 모델은 내면적인 요소뿐 아니라 표면적인 모습도 포함한다. 그래서 '되고 싶은 자신을 반영하는 패션'으로 치장해 정체성을 확보하려는 움직임이 생겨난다.

50 세계화
(→ Chapter 1)

인간의 활동이 국경을 넘어 전 세계 규모로 확대되는 현상.

3

Chapter

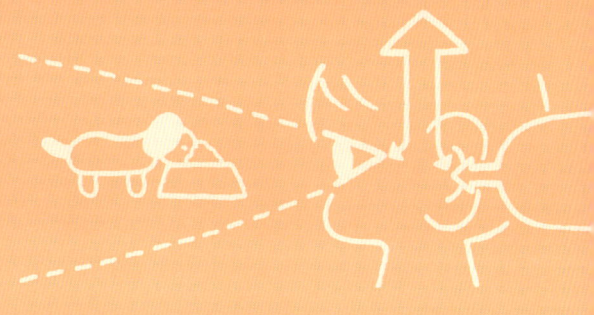

언어

Language

인간에게 '언어'란 무엇일까?

제3장에서는 소쉬르 언어학의 기초 영역을 통하여, 인간이 언어로 세계에 의미를 부여하는 '구조'를 추적해 봅니다. 더불어 현재 연구하고 있는 언어습득의 메커니즘도 알아봅니다.

교양을 쌓자
ENRICH YOUR EDUCATION

🔍 주요 키워드

☑ 문법   ☑ 단어   ☑ 언어   ☑ 개념

☑ 의미부여   ☑ 인식   ☑ 분절   ☑ 코드

☑ 해석   ☑ 모어(母語)   ☑ 바이어스   ☑ 생성문법

☑ 보편문법   ☑ 제2언어   ☑ 바이링구얼   ☑ 사고언어

☑ 의사소통(커뮤니케이션)

언어관의 변화

─언어에는 보이지 않는 구조가 있다─

먼저 현대에는 언어❶를 어떻게 인식하고 있는지, 언어를 바라보는 관점을 간단하게 살펴봅니다.

❶ 옛사람들의 언어에 대한 인식

19세기 이전에는 언어를, 이미 실재❷하는 사물이나 생각을 표현하는 수단으로 여겼습니다.

이것들은 이미 명백하게 따로 존재했으며, 각각 '집'과 '아파트'라고 구분하여 부른다.

근대합리주의❸ 시대에는 언어도, 과학처럼 분해하고 분석하여 법칙을 이끌어내려는 연구를 시도합니다.

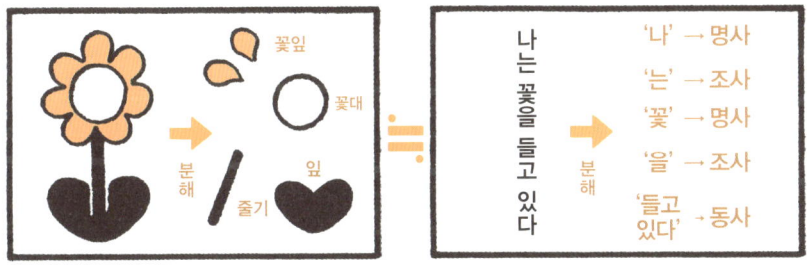

언어도 과학처럼 분해와 분석을 통해 법칙(문법❹)을 이끌어내고자 했다.

② 소쉬르 이후의 관점

19세기 스위스 철학자 **소쉬르①**를 계기로 사물과 **말⑤**의 관계를 재검토하게 됩니다. 의미가 있는 말로 표현함으로써 그 의미를 지닌 대상이나 **개념⑥**이 된다고 생각하게 되었죠.

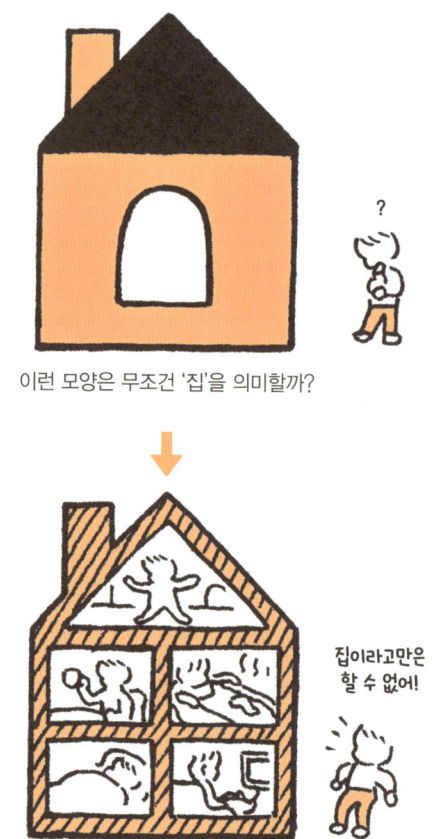

이런 모양은 무조건 '집'을 의미할까?

집이라고만은 할 수 없어!

'아파트'라고 이름 지으면 이런 형태도 많은 사람들이 생활하는 '아파트'가 된다!

사물이나 개념에 이름을 붙이는 것이 아니라.
이름을 붙임으로써 그 의미를 품는 대상이나 개념이 된다.

분해와 분석을 통해 돌출해 내는 법칙(문법)이 아닌, 언어를 통한 의미 부여 **7** 와 활동으로 도출해 낼 수 있는 숨겨진 규칙(구조 **8**)을 연구하게 됩니다.

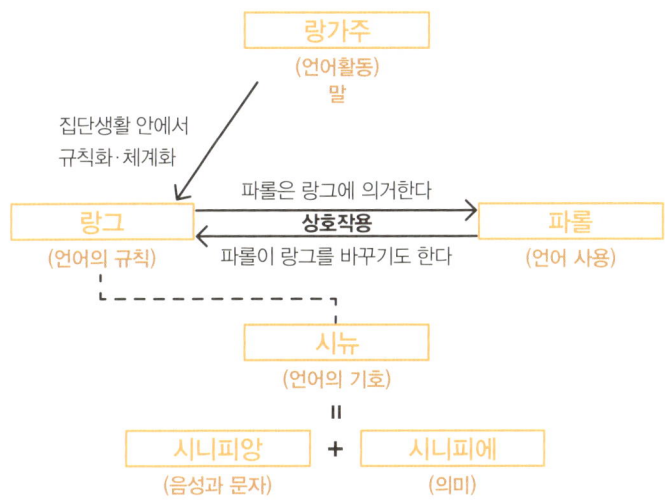

언어를 요소별로 나누는 방법이 아닌,
언어의 사용 방식이나 활동으로 언어가 가진 구조를 밝혀내려 했다.

이처럼 언어에는 눈에 보이지 않는 구조(틀)가 있고, 우리는 그 구조에 따라 사물을 인식 **9** 하거나 의미를 부여한다는 사실을 알게 되었습니다.

세계의 분절화

 **3-2**

−언어로 표현함으로써 세계는 '분절(分節)'된다−

다음으로 언어의 기본 구조(틀)를 이해해 봅시다. 기본적인 내용이지만 무척 중요한 부분입니다.

① 의미 부여 전 세계

언어를 습득하기 전 유아가 보는 세계는 본래의 윤곽이 없는 세계입니다. 그저 여러 색이 모호하게 겹쳐 보이는 세계라고 할 수 있지요.

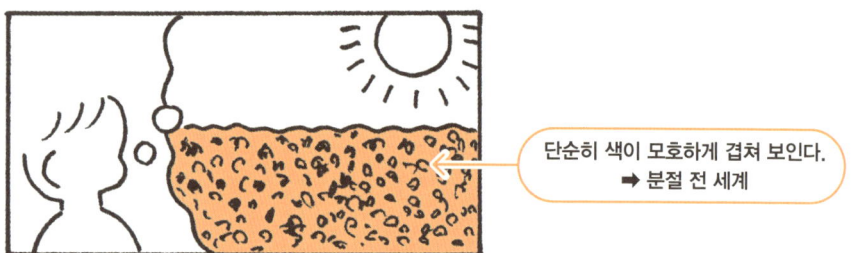

단순히 색이 모호하게 겹쳐 보인다.
➡ 분절 전 세계

머릿속으로 드넓게 펼쳐진 꽃밭을 떠올려 볼까요.
한 송이 한 송이 꽃의 테두리가 세밀하게 구분되어 있지 않을 것입니다.

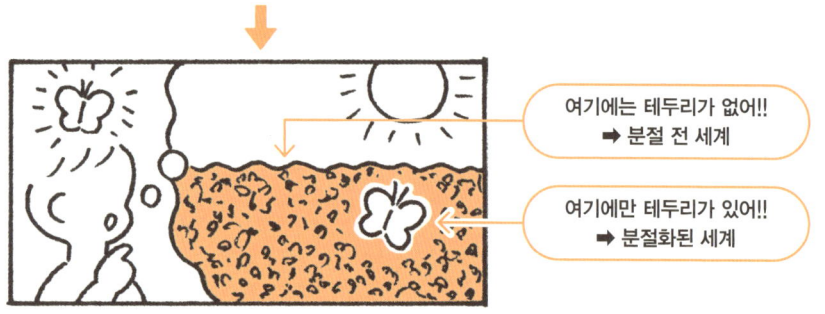

여기에는 테두리가 없어!!
➡ 분절 전 세계

여기에만 테두리가 있어!!
➡ 분절화된 세계

그 꽃밭 속에 '나비 한 마리가 앉아 있는 모습'을 떠올려 보자.
나비만 다른 꽃들과 구분되는 테두리가 있을 것이다.
반대로 말하면 다른 꽃들에는 테두리가 없다는 것을 잘 알 수 있다.

② 명명된 후의 세계

'저것은 나비란다.'라고 배우고 인식함으로써, 세계는 '나비'와 '나비가 아닌 물체'로 나뉩니다. 그리고 다른 물체를 가리키며 '이건 나방이란다.'라고 배우고 인식함으로써, 세계를 '나비'와 '나방'과 '나비도 나방도 아닌 물체'로 식별하게 됩니다.

'나비'를 알기 전에는 '꽃의 일부'라고 생각했을지도 모르지만,
'나비'라는 사실을 알고 난 후에는 '나비'와 '나비가 아닌 물체(꽃)'로 분절화된다.

지금껏 '나비'라고 생각했을지도 모를 물체를
'나방'이라고 알게 되면, '나비'와 '나방'으로 분절된다.

이처럼 의미가 있는 언어로 속속 의미를 부여함으로써 세계는 끊임없이 나뉩니다. 이와 같이 '의미를 부여한 대상'과 '의미를 부여하지 않은 대상'으로 가르는 것을 '분절❿화'라고 합니다.

③ 분절은 언어권마다 가지각색

'나비'와 '나방'이라는 말을 습득한 사람은, 나비를 보면 모두 '나비'로 인식하고 나방을 보면 '나방'으로 인식합니다. 그렇다면 나비와 나방을 한데 묶어 '파피용'이라고 부른다면 어떨까요?

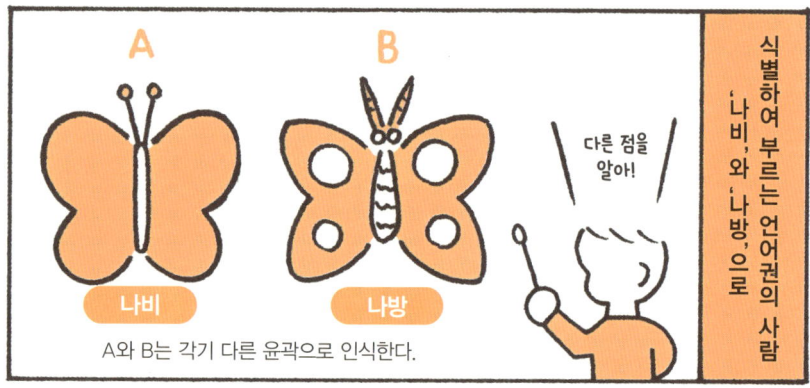

식별하여 부르는 언어권의 사람
'나비'와 '나방'으로

A와 B는 각기 다른 윤곽으로 인식한다.

다른 점을 알아!

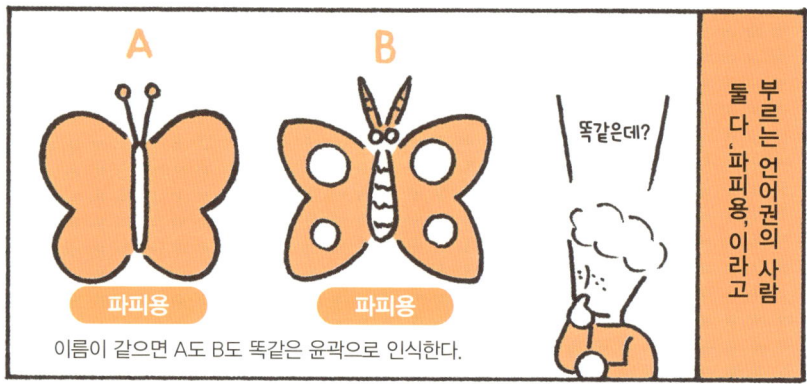

부르는 언어권의 사람
둘 다 '파피용'이라고

이름이 같으면 A도 B도 똑같은 윤곽으로 인식한다.

똑같은데?

나비도 나방도 한데 묶어 '파피용'이라고 부르는 언어권 ⑪ 사람에게는,
'나비'와 '나방'이 똑같아 보일 수밖에 없다.

이렇게 사물과 언어의 관계는 일대일 관계가 아니고 언어권마다 제각각 다릅니다. 이것을 언어의 **자의** 12 성이라고 합니다.

[언어의 자의성]

사물과 언어의 관계는 일대일 대응이 아니라,
언어권마다 언어의 조합도, 부르는 방식도 제각각이다.

우리가 세계를 보는 대상의 윤곽은 사실 언어에 의해 만들어지며, 우리가 세계를 파악하는 그 의미 역시 언어를 통해 의미가 부여됩니다. 더욱이 그 테두리나 의미 부여는 언어마다 각기 다릅니다.

분절화 코드
−언어권에 따른 분절의 구조−

여기에서는 언어의 분절이 왜 언어권마다 제각각인지 그 구조를 들여다봅니다.

1 코드가 다르면 분절도 다르다

일본어권에서는 나비와 나방에 서로 다른 이름을 붙여 별개의 대상으로 분절합니다. 반면 프랑스어권에서는 나비도 나방도 '파피용'이라는 똑같은 이름을 사용하여 같은 대상으로 분절합니다. 이는 사물을 식별하는 기반이 되는 '코드 ⑬'가 언어권마다 다르기 때문에 발생합니다.

왜 언어권마다 언어의 분절 방식이 다를까?
➡ 각 언어권의 '코드'(언어를 가르는 규칙)가 다르기 때문이다.

② 언어권에 따라 코드가 다르다

'코드'는 언어권 안에서 살아가는 사람과 사물과의 다양한 '관계' 속에서 역사적❶으로 차츰차츰 형성되어 왔습니다. 따라서 각 언어권의 사람들이 가지고 있는 '코드'도 달라집니다.

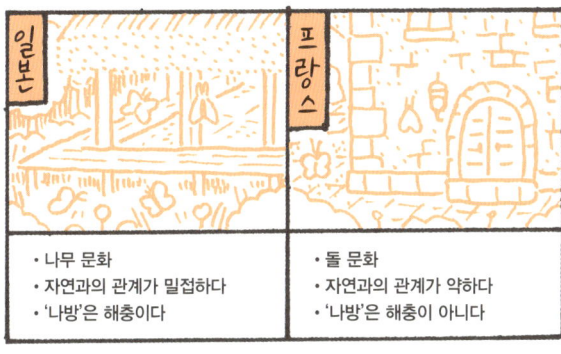

- 나무 문화
- 자연과의 관계가 밀접하다
- '나방'은 해충이다

- 돌 문화
- 자연과의 관계가 약하다
- '나방'은 해충이 아니다

사람과 사물, 개념과의 역사적 관계, 생활환경에 따라 언어권의 '코드'가 각자의 형편에 맞게 형성되어 왔다.

한 언어와 그와 다른 언어로 같은 대상을 가리킨다고 하더라도, 그 단어들이 똑같은 의미를 지니지는 않습니다. 보이지 않는 '코드'가 전혀 다를지도 모릅니다.

나비

파피용

같은 물체를 가리키더라도 양쪽 '코드'가 전혀 다른 대상!!

같은 물체를 가리켜 '나비'와 '파피용'으로 부르므로 표면상 '나비'='파피용'이라고 해도 무방할 것 같지만, 양쪽 '코드'는 전혀 다르다고 할 수 있다.

③ 의미가 부여된 세계

이처럼 세계의 대부분은 이미 각 언어권의 언어로 의미가 부여되어 해석⑮됩니다. 우리는 이러한 세상에서 태어나서 또다시 새롭게 언어에 의미를 부여하고 해석하며 살아가지요. 따라서 우리는 있는 그대로가 아닌 언어에 의해 왜곡된 세상에서 살고 있는 셈입니다.

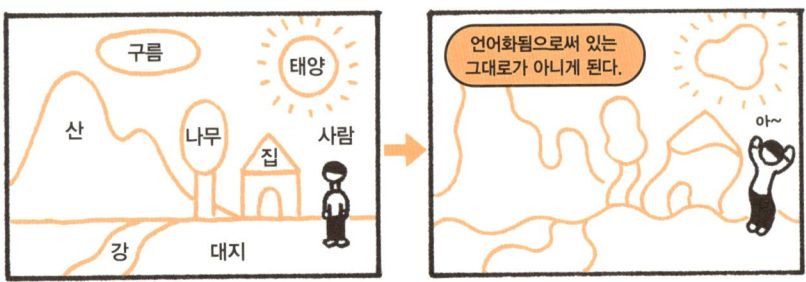

우리가 살고 있는 세상은 이미 우리가 태어날 때부터 언어에 의해 명명되고 의미가 부여된 세계이다.

즉, 우리는 언어에 의해 이야기되고 왜곡된 세계에서 살아가고 있다고 할 수 있다.

이렇게 보면, 우리는 있는 그대로의 세계를 자유의지로 살아간다기보다는 언어에 의해 의미가 부여된 세계를 언어에 의해 지어진 '이야기(서사)⑯'대로 살아가고 있는지도 모릅니다.

언어를 통해 의미가 부여된 세계를, 언어를 통해 의미가 부여된 이야기에 맞추어 인생을 살아간다.

이렇게 언어의 기본 구조에 관해 살펴보았습니다. 다음에는 언어와 관련된 다양한 관점을 탐색해 볼까요.

3-4 언어를 둘러싼 다양한 논쟁
—언어에 관한 이모저모—

다음에는 언어에 얽힌 다채로운 이야기를 들려드리겠습니다. 여기에서 이야기하는 인간의 언어습득이나, 모어(母語)와 제2언어와의 관계와 같은 주제는 아직까진 가설의 영역이지만 모두 흥미진진한 이야기로 가득합니다.

1 유아의 언어습득

유아는 어떻게 모어⑰를 터득할까 하는 메커니즘은 아직 규명되지 않았지만, 최근 많은 사실이 밝혀지고 있습니다.

'멍멍'이가 동물의 이름인지, 색깔인지, 몸의 일부인지, 상태인지 아무것도 알려주지 않았다.

그런데도 그와 닮은 대상을 발견하면 정확하게 '멍멍이'라고 식별한다. 왜일까?

유아는 '들은 소리'와 '대상'을 자유롭게 연결하지 않고, 그 소리가 '사물의 이름을 나타내는 소리'라고 먼저 인식하도록 제약 (바이어스⑱) 되어 있다. 그리고 비슷한 대상이라도 대상의 '이름'으로 부를 수 있게 전체적인 모양과 대략적인 특징⑲을 파악하도록 제약이 걸려 있다. 그래서 비슷한 대상을 단번에 이름으로 부를 수 있다.

이러한 발견은, '아이는 어른의 말을 듣고 외운다.'라는 단순한 생각으로는 얻을 수 없습니다. 유아의 머릿속에는 언어를 효율적으로 습득하는 메커니즘(생성문법 20)이 존재한다는 전제가 바탕에 깔려 있어야 합니다.

부모는 아이에게 항상 정확한 문법을 적용하여 말하지 않는다.
그런데도 아이는 문법적으로 정확한 말을 구사하게 된다. 왜일까?

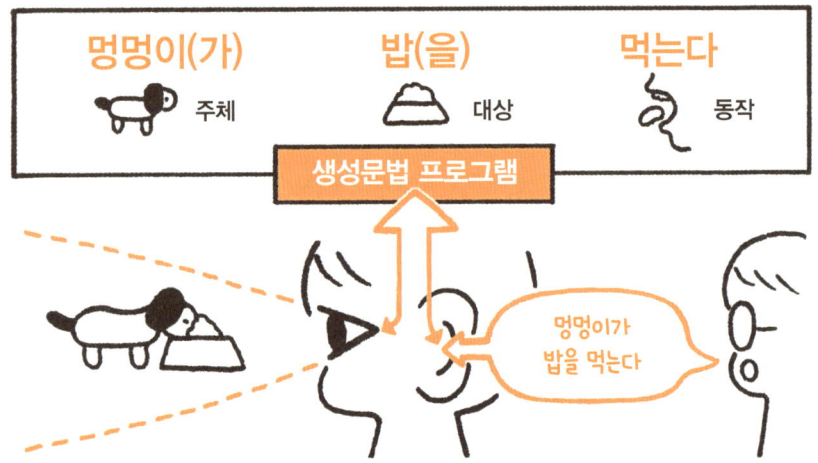

인간은 어떤 언어라도 보편적으로 적용되는 보편문법 21 을 선천적으로 부여받아
'생성문법 프로그램'에 견주어 보며 언어를 학습하므로,
문법을 배우지 않아도 문법적으로 올바른 언어를 배우게 된다.

② 지금까지의 영어 교육

일본(한국도 마찬가지)의 영어교육은 문법 습득과 문장 해석에 중점을 두었기 때문에, 중학교 시절부터 6년이나 영어를 배웠음에도 영어로 의사소통(커뮤니케이션)❷❷을 하지 못하는 사람이 대부분입니다.

단어·문법·독해에 중점을 둔 교육에, 심지어 시험 점수가 평가의 기준이다.

영어로 말을 걸면 무슨 말을 하는지 못 알아들을 뿐 아니라, 어떻게 대답해야 할지도 모른다.

이러한 교육 방식에 대한 반성으로 1990년대부터 의사소통에 역점을 두고 마치 모어를 배우듯 영어를 학습하는 분위기가 조성됩니다.

모어 습득은 의사소통에서부터 시작한다.

모어와 똑같은 방식으로 회화의 말하기와 듣기를 늘려 영어를 습득하게 하려고 했다.

하지만 형식적인 일상 회화 정도의 의사소통은 가능하더라도, 모어를 사용하듯 올바른 문법을 사용하여 자기 생각을 정확하게 전달할 수 있는 수준에는 미치지 못했습니다.

자기 생각을 상대방에게 자세하게 설명하지 못한다.
문장 구조도 문법도 이상한 엉터리 설명이 된다.

③ 제2언어의 습득

모어를 배울 때, 어떻게 우리는 의사소통만으로 자기 의견을 문법적으로 올바르게 설명할 수 있을까요?

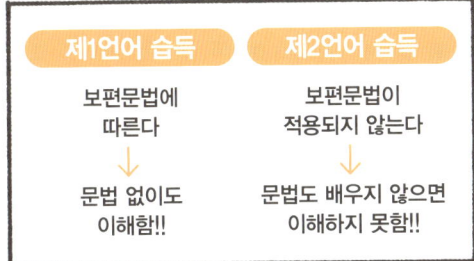

청소년기 이후에 제2언어 ㉓ 를 배울 경우에는 제1언어를 배울 때처럼 이해하지 못한다!!
➡ 제2언어를 제대로 터득하려면 문법 공부가 필요하다!!

'유아기부터의 바이링구얼'은 양쪽 언어를 제1언어로 습득한다.
➡ 의사소통만으로 양쪽 언어를 구사할 수 있게 된다.
'청소년기 이후의 바이링구얼'은 제2언어의 문법을 공부한 다음에야 입이 트인다.
➡ 통역에 적합한 쪽은 청소년기 이후의 바이링구얼이라고 본다.

일본(한국)에서는 효과적인 영어 교육에 대한 논쟁이 여전히 진행 중이다.

설명한 바와 같이 제2언어의 습득은 모어의 습득과는 다르므로 문법 교육의 필요성이 새롭게 강조되고 있습니다.

4 일상 회화와 사고언어

논문에서 자주 쓰는 표현은 일상생활에서는 잘 사용하지 않습니다. **구체**㉕적인 무언가를 지칭하지 않고 **추상**㉕적이며 의미하는 바가 넓어서 사물을 사유할 때 쓰입니다. 이렇게 추상적이고 의미의 폭이 넓은 언어를 다루는 능력을 **사고언어**㉖능력이라고 합니다.

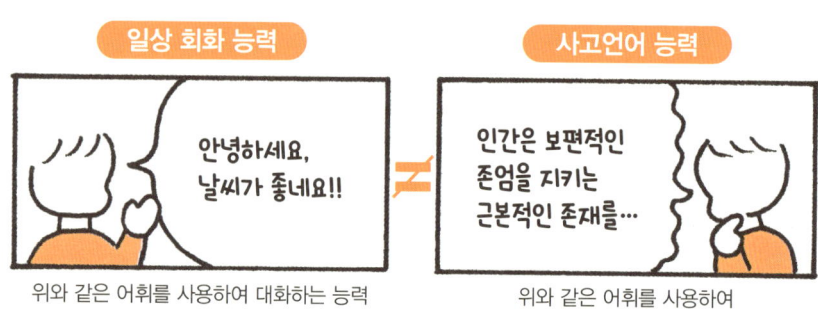

위와 같은 어휘를 사용하여 대화하는 능력 / 위와 같은 어휘를 사용하여 사유하고 설명하는 능력

일본어(한국어)를 모어로 삼는 사람들은 일본어(한국어)로 사고합니다. 일본어(한국어)로 사고함으로써 일본어(한국어)의 영향을 받은 사고방식을 갖게 됩니다. 그래서 영어로 의사소통할 때 자기 생각을 상대방에게 능숙하게 전달하지 못하는 것이죠.

모어로 추상적인 사고를 하지 않던 사람은 영어로 말할 때 일상 회화 정도는 괜찮지만, 자기 생각을 상대에게 전달할 때는 늘 어려움에 부딪히게 된다.

그러나, 일본어(한국어)의 사고력을 기르고 일본어(한국어)로 자기 생각을 상대에게 명확하게 전달할 수 있는 사람은 이내 영어로도 자기 생각을 전달할 수 있게 됩니다. 도대체 어떤 원리일까요?

아마도 모어로 깊이 생각하고 발달시킨 모어의 사고언어 능력은 제2언어를 구사하는 데에도 활용되는 듯합니다.

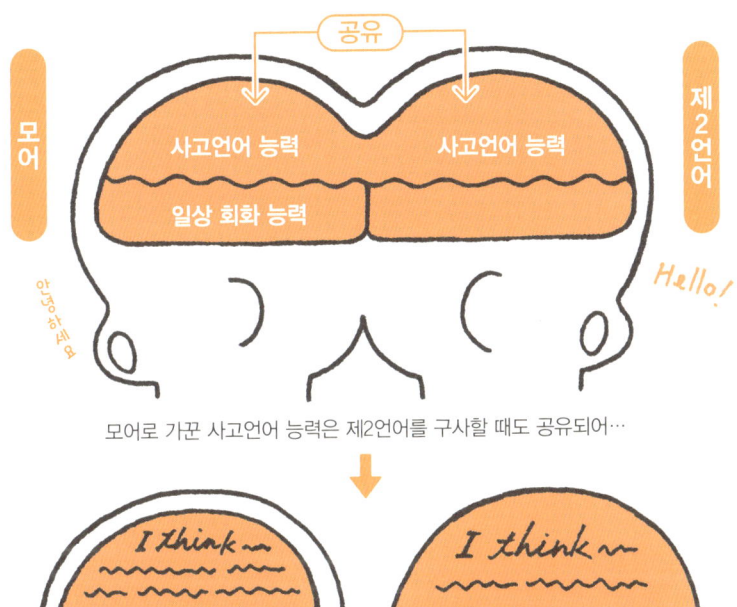

모어로 가꾼 사고언어 능력은 제2언어를 구사할 때도 공유되어…

영어(제2언어)로 생각하고, 생각한 내용을 상대에게 전달할 수 있다.

언어에 관한 이야기는 이것으로 마칩니다. 우리 일상생활에서 언어라는 도구가 세상을 인식하는 데 얼마나 밀접하게 연관되었으며, 얼마나 많은 영향을 미치는지 흥미를 갖는 기회가 되었으면 좋겠군요.

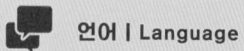

핵심 용어와 핵심 인물을 알아보자
KEYWORD & KEYPERSON

인간의 언어활동 연구를 통해, 우리는 언어를 통해 세계를 구분하여 파악하고, 언어로 세계에 의미를 부여하며, 언어로 만든 서사 속에서 살아가고 있다는 사실을 알게 되었습니다. 나아가 인간의 뇌에는 언어습득의 메커니즘이 존재하며, 그 메커니즘에 따라 모국어를 습득하고 사고언어로 삼는다는 사실을 알게 되었습니다. 그리고 제2언어 습득은 여전히 뜨거운 감자로 떠오르고 있습니다.

※ 앞 Chapter에서 소개한 키워드는 간단하게만 짚고 넘어갑니다.

3-1
언어관의 변화
−언어에는 보이지 않는 구조가 있다−

KEYWORD

❶ 언어
language
말의 통합 체계
➡ '일본어(한국어)'는 '언어'라고는 하지만 '말'이라고는 하지 않는다.

❷ 실재
real
실제로 존재하는 것.
➡ 실재론(realism)이란, 언어에 대응하는 대상이 이미 실재한다는 사고방식이다.

❸ 근대합리주의   (→ Chapter 1 · 2)
'과학성'과 '합리성'을 '정의'의 가치 기준으로 삼는 사고방식.

❹ 문법
grammar
단어를 올바르게 읽고 쓰기 위한 글과 문장의 법칙이나 규칙
➡ 글과 문장의 법칙이나 규칙의 의미를 강조할 때는 '문법'이라 하고, 단어를 바르게 읽고 쓰기 위해 의미를 강조할 때는 '학교 문법', '규범 문법'이라고 구별하여 부르는 경우가 많다.

❺ 말
word
의미를 나타내는 데 쓰는 소리나 문자.
➡ '달리다'라는 소리나 문자는 '말'이라고는 하나 '언어'라고는 하지 않는다.

❻ 개념
concept
대략적인 의미나 성질.
➡ 어떤 사물에 대해 생각함으로써 얻는 것.

❼ 의미 부여
사물에 의의와 가치를 부여하는 것.
➡ 사물의 의미 부여는 언어를 통해 성립한다. 바꾸어 말하면, 언어가 존재하지 않으면 세상에 의미도 존재하지 않는다고 해석할 수 있다.

8 **구조**
structure
사물을 이루는 보편적인 틀.

9 **인식** (→ Chapter 2)
사물의 본질까지 알아차리는 것.

KEYPERSON

① **소쉬르**
Ferdinand de Saussure(1857~1913)
스위스의 언어학자이자 언어 철학자. '근대 언어학의
아버지'로 불린다.
구조주의를 바탕으로 구조언어학을 제창했다.

3-2 세계의 분절화	3-3 분절화 코드
−언어로 표현함으로써 세계는 '분절'된다−	−언어권에 따른 분절의 구조−

KEYWORD

⑩ 분절
articulation

전체를 마디로 나누는 것.

➡ 언어학에서는 단락에 의해 세계나 사물을 구분하고 인식하는 의미로 널리 쓰인다.

⑪ 언어권
linguistic area

어떤 언어가 공통어로 쓰이는 범위.

➡ 비록 국가나 민족이 다르더라도 동일한 언어를 공통어로 사용하고 있다면 같은 언어권으로 여긴다. 덧붙여 표준어란, 국가 안에서 공통적이고 이상적이라고 간주하는 언어를 말한다. 예를 들어 방언은 방언을 사용하는 지방에서는 공통어이지만 표준어는 아니다.

⑫ 자의(恣意)
arbitrariness

그때그때의 생각.

➡ 언어의 '자의성'이란, 단어의 소리나 문자가 의미하는 개념은 필연적으로 연결된 관계가 아니라 우연히 나타난 관계일 뿐이라는 생각.

KEYWORD

⑬ 코드
code

언어에 내재한 규칙이나 습관과 같은 공통 기반이 되는 개념.

➡ 일본어(한국어)권 사람들은 일본어(한국어) 고유의 '코드'에 비추어 일본어(한국어)를 구사하므로 의미가 통한다고 본다.

⑭ 역사적
historical

먼 과거부터 전해져 온 것

➡ '역사와 관련된 것'이나 '역사에 남는 것'이라는 의미도 있지만, '계속'이라는 의미로 쓰일 때가 많다.

⑮ 해석
interpretation

의미나 내용을 풀어서 밝히는 일.

⑯ 이야기(서사) (→ Chapter 1)

인간의 삶의 방식과 사회의 모습.

3-4
언어를 둘러싼 다양한 논쟁
−언어에 관한 이모저모−

KEYWORD

⑰ 모어[•]
native language
인간이 태어나서 처음으로 습득한 언어.
➡ 제1언어라고도 한다. 주위 사람들의 이야기를 보고 들으면서 자연스럽게 터득하게 된다.

⑱ 바이어스
bias
편향, 선입견
➡ 가령 '형태 바이어스'란, 처음 듣는 소리를 '사물의 형태를 나타내는 언어'라는 선입관을 가지고 인식하려 드는 경향을 말한다.

⑲ 특징
characteristic
다른 것에 비하여 특별히 눈에 뜨이는 점.
➡ 첫 만남에서 상대의 특징을 재빠르게 파악함(특징 편향)으로써 머리 모양 등이 바뀌어도 그 사람임을 알아볼 수 있다.

⑳ 생성문법
generative grammar
인간이 태어나면서부터 뇌 속에 가지고 있는 문법 체계.

㉑ 보편문법
universal grammar
모든 언어의 공통 성질이나 법칙성.

㉒ 의사소통(커뮤니케이션)
communication
사람들이 서로 의지나 감정 따위의 정보를 주고받는 일.

㉓ 제2언어
second language
모국어 습득 후 학습한 언어.
➡ 일정 연령이 넘어가면, 모국어 습득처럼 보고 듣는 것만으로는 언어 습득이 어려워진다고 알려져 있다.

㉔ 바이링구얼
bilingual
두 가지 언어 이상을 유창하게 구사하는 사람.
➡ 선천적 바이링구얼(어린 시절부터 두 언어에 익숙해 자연스럽게 양쪽 언어를 습득한 사람)과 후천적 바이링구얼(노력으로 제2언어를 유창하게 구사하는 사람)으로 나눈다.

• 모어(母語)는 '자라면서 배운, 한 사람의 바탕이 되는 말 또는 언어의 발달 과정에서, 그 모체가 되는 언어'를 가리킨다. 반면에 모국어(母國語)는 '자기 나라의 말'을 가리킨다. 예를 들면, 한국인에게 한국어는 모어이자 모국어다. 하지만 미국에 이민간 한국인에게 한국어는 모어일 뿐 모국어는 아닌 셈이다.

㉕ 추상·구체　　　　　(→ Chapter 2)

사물의 성질이나 본질을 추출하여 파악하는 작용이
추상이고, 인간의 지각으로 파악해 형태나 성질을 갖
추는 상태가 구체이다.

㉖ 사고언어

inner speech

머릿속으로 생각을 표현하고 이해하는 데 사용하는
언어

➡ 사람에게 말할 때 사용하는 일상 회화 언어와 다
른 개념으로 간주한다.

4

Chapter

심리
Psychology

인간은 '마음'을 어떻게 과학으로 만들었을까?

제4장에서는 '마음'을 과학적으로 접근한 19세기 이후 심리학의 관점 변화를 살펴봅니다. 여기에서는 여러 분야의 심리학에서 얻은 '결과'보다는, 그 결과를 도출하기 위해 시도된 다양한 '방법(접근법)'에 초점을 맞추어 학습합니다.

교양을 쌓자
ENRICH YOUR EDUCATION

🔍 주요 키워드

☑ 구성주의 심리학	☑ 내성	☑ 행동주의 심리학	☑ 자극
☑ 반응	☑ 정신분석	☑ 무의식	☑ 이드
☑ 욕구	☑ 초자아	☑ 현실원리	☑ 쾌감원칙
☑ 인지심리학	☑ 신체조절론	☑ 동물행동학	☑ 본능
☑ 게슈탈트심리학	☑ 게슈탈트 붕괴		

근대 심리학

−마음을 과학처럼 탐구하다−

심리학을 과학으로 이해하려는 시도는 19세기부터 시작됩니다. 근대 **①** 심리학은 인간의 마음을 과학적인 방식으로 접근하여 탐구하고자 합니다. 먼저 근대 심리학의 입장에 대해 알아보겠습니다.

① 의식을 요소별로 나누다

과학은 대상 **②** 을 분해하고 분석하여 합리적인 법칙 **③** 을 도출합니다. 이와 마찬가지로 심리학도 '마음'을 요소 **④** 로 쪼개어 어떻게 구성 **⑤** 되어 있는지 파악하고자 했습니다.

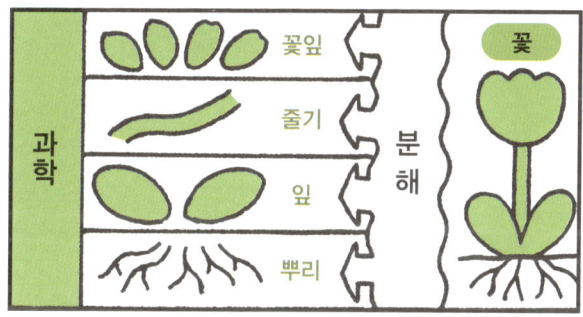

과학은 대상을 분해하고 분석하여 법칙을 이끌어낸다.

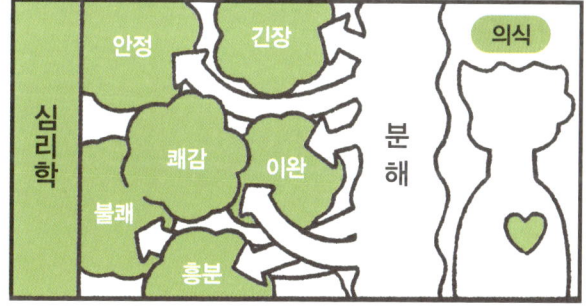

심리학 역시 의식을 요소로 쪼개고 분석하는 방식으로 법칙을 도출하고자 하였다.

② 의식을 들여다보다

그리고 관찰할 수 있는 요소를 발견하기 위해 스스로 의식의 내면을 관찰하는 **내성(內省)**
❻이라는 방법을 채택합니다.

[구성주의 심리학]

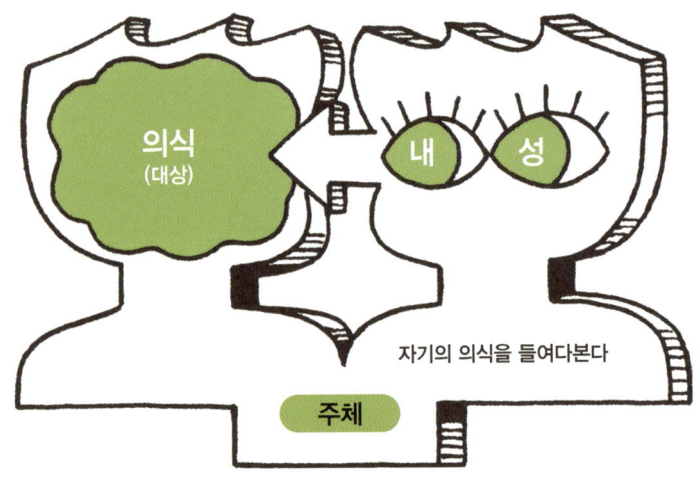

지금 자신이 어떻게 지각하며 어떻게 의식하고 있는가를 스스로 객관적으로 관찰하려 했다.

이러한 관점의 심리학을 **구성주의 심리학**❼이라고 합니다. 20세기 '마음'에 관한 연구
는 구성주의 심리학에 대한 비판에서 비롯됩니다.

20세기 심리학

−통합된 전체와 행동과 무의식에 주목하다−

구성주의에 대한 반발로 탄생한 심리학의 세 가지 흐름을 추적해 봅니다.

① 의식을 요소가 아닌, 통합된 전체로 간주하다

우리의 의식은 사물을 요소의 집합체로 보지 않고 하나의 통합된 전체로 인식합니다. 이처럼 통합된 전체를 **게슈탈트 ⑧** 라고 하며 우리의 의식을 통합된 전체로 간주하여 연구하는 학문을 **게슈탈트심리학 ⑨** 이라고 합니다.

[게슈탈트심리학]

인간은 크고 작은 ○을 하나의 집합체(게슈탈트)로 파악하려 든다. 요소로 파악하려는 구성주의 심리학을 부정하고 통합된 전체로 의식을 파악하고자 한다.

[게슈탈트 전환]

하나의 사물일지라도 마치 다른 사물처럼 파악할 수 있다.

[게슈탈트 붕괴 ⑩]

한 글자를 몰입하여 보거나 계속 쓰다 보면 점점 글자로 인식할 수 없게 된다.

② 의식이 아닌 행동에 주목하다

우리의 의식은 물질처럼 명확하게 규명할 수 없습니다. 그렇다면 심리학은 진정한 과학이라고 보기 어렵지요. 그래서 어떤 자극⑪에 반응⑫하는 행동만을 연구 대상으로 삼자는 주장이 등장합니다. 이를 행동주의 심리학⑬이라고 합니다.

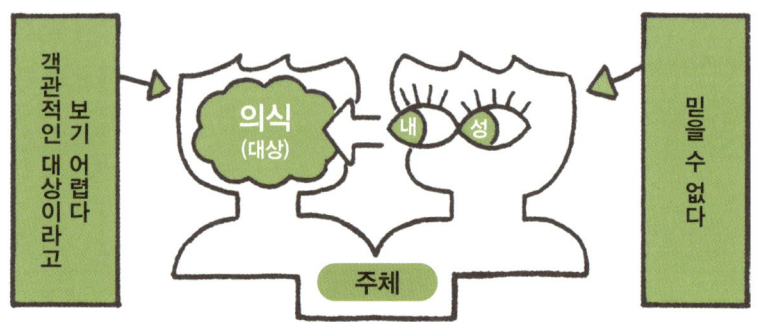

'내성'한 '의식'을 객관적 대상으로 삼는 심리학을 과연 '과학'이라 할 수 있을까?

[행동주의 심리학]

의식보다 정보나 시각에 '반응'하는 '행동'을 연구 대상으로
삼는 편이 보다 '과학적'이지 않을까?

행동주의에서는 자극에 대한 직접적인 반응이 연구 대상이었다면, 신행동주의로 넘어가면서는 자극에 반응하는 대상(인간이나 동물)인 유기체의 상황이나 학습 경험 따위를 **매개 ⑭** 로 하는 반응도 고려하게 됩니다.

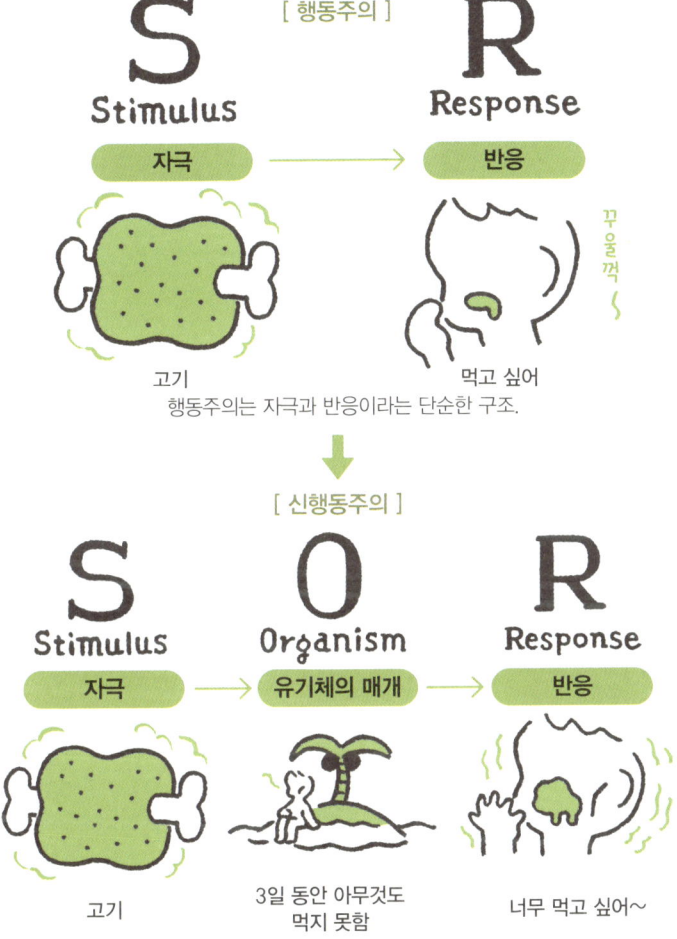

신행동주의에서는 자극과 반응 사이에서 일어나는 대상의 신체적 상태나 학습 경험 등도 고려한다.

③ 의식이 아닌 무의식에 주목하다

우리의 **의식 ⑮** 은 '마음'의 아주 얇은 표면적인 부분에 불과합니다. 그래서 더욱 깊은 곳에 있는 **무의식 ⑮** 을 연구 대상으로 삼는 학문이 등장합니다. 바로 **정신분석 ⑯** 입니다.

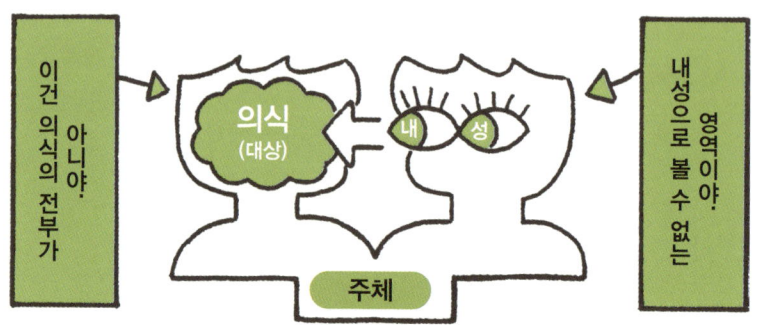

'의식'이 정말로 '마음'의 중심일까? '의식'만을 연구 대상으로 삼아도 괜찮을까?

[정신분석]

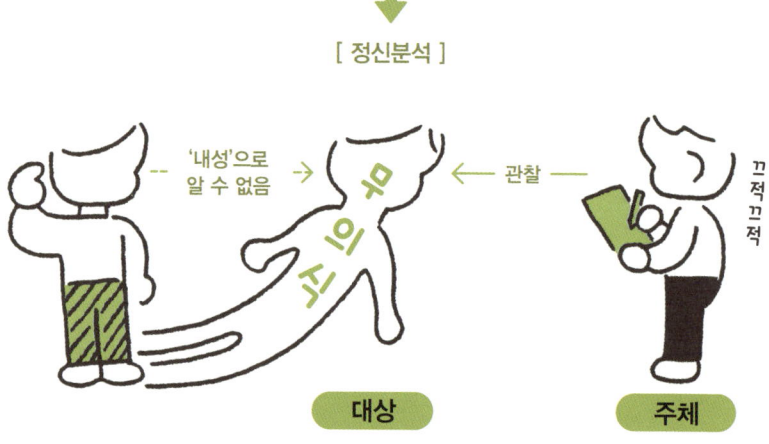

자신이 자각하지 못하는 '무의식'을 연구 대상으로 삼는다.

정신분석에 따르면 우리의 의식은 무의식의 **이드** ⑰ (**충동** ⑱·생리적 **욕구** ⑲ 등)와 **초자아** ⑳ (부모의 훈육이나 도덕(**모럴** ㉑) 등)의 갈등을 조절하는 역할을 합니다.

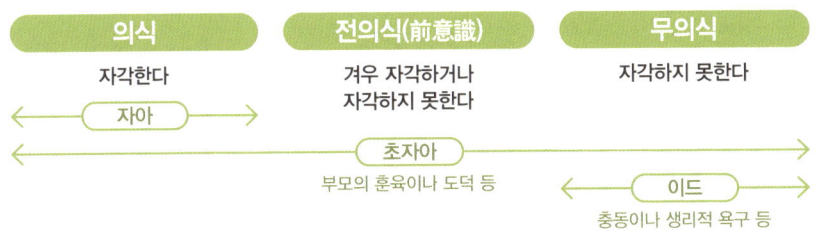

전의식(의식과 무의식의 중간 영역)과 무의식에는
'초자아'와 '이드'가 존재한다.

자아 ㉔ 는 초자아와 이드의 균형을 맞추려고 노력하지만, 어느 한 방향으로 너무 치우치면 사회적으로나 심리적으로 갈등과 불안을 초래한다.

이러한 입장들이 모여 현대 심리학을 대표하는 인지심리학으로 발전합니다.

4-3 현대 심리학
−인간의 인지 구조를 탐구하다−

여기에서는 **인지심리학 25**과 '의식'에 대한 여러 가지 새로운 관점들을 살펴봅니다.

1 인지심리학의 번성

인지심리학이란 인간이 어떻게 사물을 지각하고, 기억하며, 생각하는지와 같은 인간의 인지 활동을 연구하는 학문입니다.

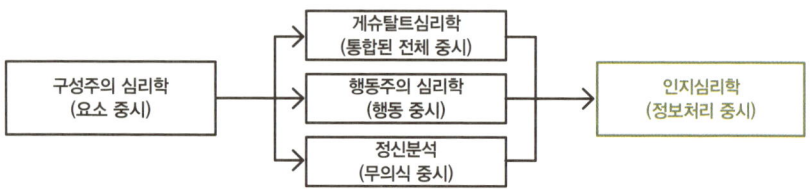

인지심리학은 지금까지의 흐름을 바탕으로, '마음'이 외부 세계의 정보를 어떻게 처리하는지에 대한 메커니즘을 탐구하고자 했다.

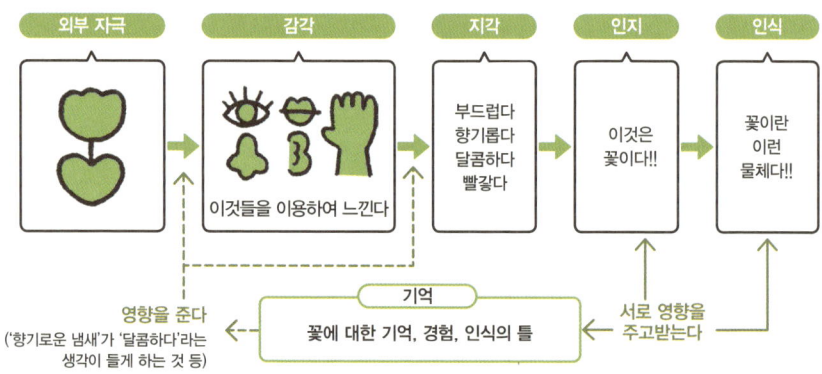

외부 정보를 유기체의 감각기관으로 느끼고 어떤 '**감각 26**'을 느꼈는지 '**지각 27**'한다. 그리고 '지각'한 정보를 근거로 그 대상이 어떤 것인지를 '**인지 28**'하고 '**인식 29**'한다.

이 연구를 발판으로 **인공지능 ㉚** 연구도 진행됩니다.

'인간과 똑같은 감정을 가진 기계'라기보다 '인간과 똑같이 인지하고 행동할 수 있는 기계'를 목표로
연구가 진행되고 있다.

기계도 '학습'과 '추론'을 통해 인간의 두뇌를 뛰어넘고자 한다.

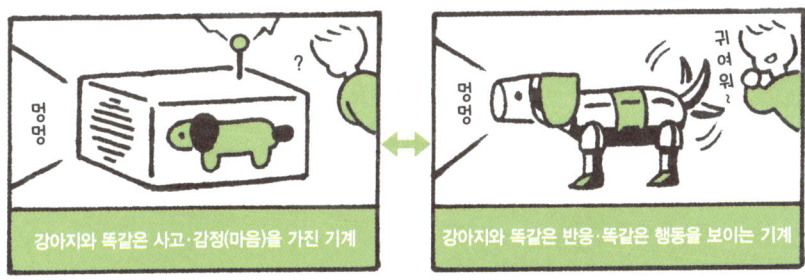

'마음'과 비슷한 감정을 가진다고 해서 '생명력'
을 얻게 되는 것은 아니다.

오히려 '동물과 비슷한 반응'을 기계에 심어주는
편이 '생명력'을 느낄 수 있다.

● 　체크메이트(checkmate): 상대방 킹이 직접적으로 위협받고 있는 체크 상태를 절대로 피할 수 없는 경우를
　말한다. 체스 용어이며 외통수와 유사한 의미이다. – 역주

② 신체와의 관계에서 의식을 재검토하다

우리 신체는 태곳적부터 유전으로 물려받은 정보와 **본능**㉛이라는 요소의 영향을 받아온 몸입니다. 그 신체를 물려받은 우리 마음도 신체의 영향을 받게 되지요.

[신체조절㉜론]

인간은 천천히 움직일 때 머릿속에서 빠르게 말하기가 어렵다.

인간은 빠르게 움직일 때 머릿속에서 천천히 말하기가 어렵다.

정신이 신체 움직임의 영향을 받는다면, 신체 조작을 통해 정신을 제어할 수 있지 않을까?
➡ 신체의 사소한 영역까지 조종하여 정신 상태를 다스리는 연구가 주목받고 있다.

[동물행동학㉝론]

수컷 공작새가 아름다운 깃털을 펼쳐 보이는 이유는 암컷 공작을 유혹하기 위해서라고 한다.

남성이 운동으로 다져진 근육질 몸매를 뽐내거나 남자다운 모습을 보이는 행위 역시 여성들에게 매력적으로 보이기 위함일까?

동물의 행동을 연구하는 동물행동학은 상당 부분 인간에게도 적용된다.
즉, 우리의 정신은 인간의 '동물적 신체'에 의해 조종당한다고 볼 수 있다.

3 뇌와의 관계에서 의식을 재검토하다

20세기 후반 이후 뇌과학 발달로 괄목할 만한 성과를 거두고 있습니다. 우리의 마음과 뇌는 서로 영향을 주고받는 관계라고 합니다.

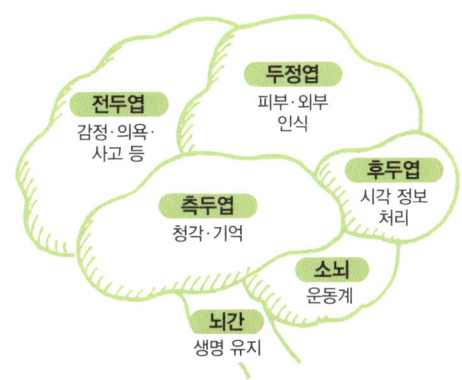

뇌는 위치에 따라 각자 역할 분담이 다르다.
따라서 자극에 반응하는 뇌의 부위도 달라진다.

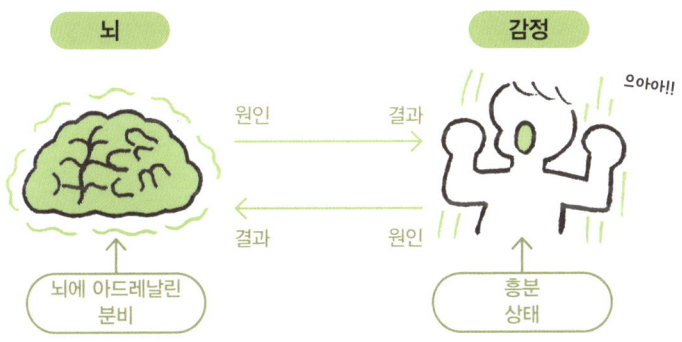

인간의 감정은 뇌 내 물질 ❸❹ 분비로 영향을 받기도 하며,
인간의 감정에 따라 그에 대응하는 뇌 내 물질이 분비되기도 한다.
➡ 상호작용을 한다.

근대 이후 심리학의 흐름을 간단하게 훑어보았습니다. 지금까지 이야기를 발판으로 미래의 심리학에도 주목해 보세요.

핵심 용어와 핵심 인물을 알아보자
KEYWORD & KEYPERSON

근대의 '인식'을 '요소'로 쪼개어 내성하는 심리 연구에 대한 반동으로, 20세기부터는 '총체적 통합체로 인식'하는 연구, '자극과 반응(행동)'에 관한 연구, '무의식'에 관한 연구가 전개됩니다. 그리고 이 연구를 통합하여 인간의 인지 메커니즘을 규명하는 '인지심리학'이 탄생합니다. 오늘날에는 뇌와 신체를 연관 지어 연구를 진행하고 있으며, 인공지능 연구에도 응용하고 있습니다.

※ 앞 Chapter에서 소개한 키워드는 간단하게만 짚고 넘어갑니다.

4-1
근대 심리학
−마음을 과학처럼 탐구하다−

KEYWORD

① 근대　　　　　　　　(→ Chapter 1)
세계사: 19세기부터 20세기 전반(제1차 세계대전 종식)까지의 시기.

② 대상　　　　　　　(→ Chapter 1·2)
주체가 파악하려는 상대.

③ 법칙　　　　　　　　(→ Chapter 1)
같은 조건에서 반드시 성립하는 근본 원리.

④ 요소
element
사물을 성립시키는 각각의 성분이나 성질
➡ 대상을 요소로 쪼개고 분석하여 법칙을 이끌어내는 방법이 근대과학의 주류였다.

⑤ 구성
composition / construction
여러 요소를 모아 일정한 전체로 짜 맞추는 것.
➡ '구성'은 내부 요소의 조합을 관찰하는 반면, '구조'는 전체 짜임새를 관찰한다는 점에서 차이가 있다.

⑥ 내성
introspection
자기의 내면을 관찰하려는 객관적 접근법.
➡ '자기성찰'과 동의어. 자기 자신의 마음을 돌아보고 반성하며 살피는 일련의 행동을 의미한다.

⑦ 구성주의 심리학
structural psychology
의식을 여러 개의 구성요소로 쪼개어 그 조합을 연구하는 심리학.

<table>
<tr><td>

4-2
20세기 심리학
−통합된 전체와 행동과 무의식에 주목하다−

</td></tr>
</table>

KEYWORD

⑧ 게슈탈트
gestalt(독일어)
사물을 부분이 모여 이룬 집합이 아니라, 하나의 통합된 전체로서의 상태나 형태로 인식하는 것.
➡ 해당하는 영어 단어가 없어 독일어를 그대로 사용한다.

⑨ 게슈탈트심리학
gestalt psychology(독일어)
의식을 요소의 집합이 아니라, 하나의 통합된 전체로 인식하는 심리학.
➡ 요소로 분해하는 구성주의 심리학에 대한 비판에서 비롯되었다.

⑩ 게슈탈트 붕괴 *
gestaltzerfall(독일어)
전체성을 상실하고 대상의 정의나 개념 등을 잊어버리거나 이질감이 생기는 현상.

⑪ 자극
stimulus
어떤 반응을 일으키기 위한 외부의 작용.
➡ 심리학에서는 외부 정보를 '자극'으로 간주한다. '찌릿찌릿하다'와 같은 의미와는 다르다.

⑫ 반응
response
외부 자극으로 인한 어떤 변화나 활동.
➡ 자극과 반응의 관계, 법칙성을 규명하는 학문을 행동주의 심리학이라고 한다.

⑬ 행동주의 심리학
behavioristic psychology
인간의 행동을 연구 대상으로 삼는 심리학.
➡ 인간의 의식을 연구 대상으로 삼는 구성주의 심리학에 반하여 등장했다. 자극과 반응 사이에서 매개하는 환경·신체·경험까지 고려한 심리학은 신행동주의 심리학이다.

⑭ 매개
medium
사이에 들어가 관계를 맺어주는 일.
➡ 사이에 들어가 관계를 맺어주는 그 '무엇'이 '매개체'이고, 사이를 매개하여 어떤 반응을 일어나게 하는 일을 '촉매'라고 한다.

⑮ 의식·무의식   (→ Chapter 2)
자기 안에서 자각할 수 있는 내면이 의식이고, 자각하지 못하는 내면은 무의식이다.

⑯ 정신분석
psychoanalysis
정신의 무의식을 연구하는 방법.
➡ 의식을 연구 대상으로 삼는 구성주의 심리학에 대한 반발로 탄생했다.

· 게슈탈트 붕괴라는 말은 심리학 용어가 아닌 일본 애니메이션이나 게임 애호가들 세계의 은어이자 신조어이다. −역주

⑰ 이드

id(라틴어)

무의식 속에 있는 본능적인 충동이나 욕구.

➡ 에스 〈es, 독일어〉도 같은 의미. 이드를 지나치게 따르면 현실 사회생활에 영향을 미치게 된다.

⑱ 충동

impulse

억제할 수 없는 마음의 욕구.

⑲ 욕구

need

생리적 안정 상태(호메오스타시스)가 무너졌을 때 이를 충족하기 위해 행동하려 하는 것.

➡ '욕구'가 생리적인 것이라면, '욕망'은 사회적인 것이다. '요구'는 상대에게 적극적으로 구하는 것을 말한다.

⑳ 초자아

super ego

충동과 욕구(이드)를 억제하려는 도덕이나 양심

➡ 부모의 훈육이나 사회적 규범으로 형성되며, 의식과 무의식 사이에 걸쳐 있다. 초자아를 너무 따르면 이드가 지나치게 억압되어 현실 사회생활에 영향을 미친다.

㉑ 도덕

moral

자신의 행위를 자발적으로 구속하는 규범.

➡ 사회적 규범과 반드시 일치한다고 볼 수 없다. 살인을 금지하지 않는 나라에서는, 살인을 저지르지 않는다는 도덕은 사회적 규범과 다르다.

㉒ 현실원칙

reality principle

현실 생활에 부합하는 쪽을 먼저 선택하는 자아의 활동 원칙.

➡ 이드와 초자아 사이에서 자아는 현실원칙에 따라 행동하려 한다.

㉓ 쾌감원칙

pleasure principle

쾌락을 우선으로 선택하려는 경향.

➡ 이드는 쾌감원칙에 따라 행동하려 한다.

㉔ 자아   (→ Chapter 2)

의식하여 행동하는 주체로서의 자기.

4-3
현대 심리학
−인간의 인지구조를 탐구하다−

KEYWORD

25 인지심리학
cognitive psychology
인간의 지각이나 사고, 기억과 같은 인지 활동을 연구하는 입장.
➡ 심리학을 과학화한 19세기 심리학의 흐름과 최신 과학을 바탕으로 한 종합 연구이다.

26 감각
sense
눈, 귀, 피부와 같은 감각기관을 통해 외부 자극을 알아차리는 것.
➡ 감각기관은 유기체 내부에 있기 때문에, 어떤 면에서는 자아의 내면을 들여다보는 일이라고 할 수 있다.

27 지각
perception
감각을 통해 획득한 정보를 기반으로, 의미를 지닌 대상으로 알아차리는 것.
➡ 지각은 외부 자극을 어떻게 받아들이느냐에 따라 달라지므로, 어떤 면에서는 자아의 외부를 관찰하는 일이라고 할 수 있다.

28 인지
cognition
지각으로 얻은 정보를 바탕으로 머릿속에서 처리하는 과정.
➡ 인지는 심리학 개념으로 객관적이고, 인식은 철학적 개념으로 주관적이다.

29 인식 (→ Chapter 2·3)
사물의 본질까지 알아차리는 것.

30 인공지능(AI)
artificial intelligence
컴퓨터상에서 인간과 비슷한 지능을 얻는 것.
➡ 인간과 비슷한 생각을 가진 AI보다는 인간과 비슷한 행동을 하는 AI가 인간과 더 가깝게 느껴지므로, 최근에 인간과 비슷한 행동을 하는 AI 연구가 활발히 이루어지고 있다. 또한, 최근 컴퓨터는 축적할 수 있는 정보량이 방대해지고 필요한 정보 선택이 신속하고 정확해짐에 따라, 더욱 다양한 행동 양식을 입력하여 상황에 적합한 행동 양식을 실행하는 방식을 취하고 있다. 즉 AI는 선택만 할 뿐 생각하지는 않는다.

31 본능
instinct
동물이 선천적으로 지닌 행동 능력.

32 신체조절
physical control
신체를 사소한 영역까지 조종하는 것.
➡ 신체의 아주 작은 움직임까지 들여다보며 조종하
는 역할의 중요성과 그에 따른 심리적인 변화가 오늘
날 주목받고 있다.

33 동물행동학
ethology
동물의 행동을 연구하는 학문.
➡ 동물의 행동 연구를 통해 인간 행동의 의미도 규
명하고자 한다.

34 뇌 내 물질
brain substance
뇌 속을 돌아다니며 정신 상태에 영향을 미치는 화
학물질.

5

Chapter

문화

Culture

'문화'를 어떻게 바라보아야 할까?

제5장에서는 자문화 중심주의에서 문화상대주의로 이어지는 '문화'를 바라보는 인식의
변천을 짚어봅니다. 이를 통해 각양각색의 시대별 문화관을 학습합니다. 아울러 미디어
문화와 '서사'와의 관계도 함께 살펴봅니다.

교양을 쌓자
ENRICH YOUR EDUCATION

🔍 주요 키워드

☑ 문화	☑ 문명	☑ 시민	☑ 도시
☑ 인프라	☑ 민족	☑ 가치관	☑ 자문화 중심주의
☑ 문화상대주의	☑ 세간	☑ 문화인류학	☑ 다문화주의
☑ 활판인쇄술	☑ 계몽	☑ 대중 매체	☑ 인터넷
☑ 세계화	☑ 소서사		

5-1 문화와 문명
−문화란 무엇이고 문명이란 무엇인가−

문화❶와 관련된 이야기를 하기 전에 먼저 문명❷과 문화의 차이점을 정리하겠습니다. 문화와 문명에 대한 명확한 정의는 없지만 되도록 많은 글과 부합하도록 설명해 나가겠습니다.

❶ 문명이란?

문명(civilization)의 어원은 라틴어 '시민❸(civis)'과 '도시❹(civitas)'에서 유래했다고 전합니다. 사람들이 자연을 개척하여 도시를 만들었다고 상상해 보세요.

사람들은 자연을 개간하여 길을 만들고 다리를 놓았으며 건물을 지어 생활을 영위한다.

그로부터 한 지역의 일정 기간에 걸친 도시 정비(인프라❺), 기술과 예술, 사회경제 체제 등을 포함하여 '문명'이라고 간주합니다.

이집트 문명은 '기원전' '이집트'의 건축물, 기술, 예술 따위를 가리킨다. 대체로 물질적 영역을 의미한다.

그리고 '현대문명'이라고 하면, 서양에서 태동한 과학기술과 사회경제 체제에 기반한 도시의 모습만을 가리키는 경우가 많은 듯합니다.

② 문화란

문화(culture)라는 말은 라틴어 '경작하다(cultura)'에서 유래했다고 전합니다. 사람들이 모여서 함께 땅을 경작하는 모습을 상상해 보세요.

사람들은 땅을 경작하여 작물을 수확하기 위해 함께 일한다.

한 지역의 일정 기간에 걸친 사람들의 공통된 행위, 생각, 생활 습관, 그것들을 통해 얻은 산물을 포함해 '문화'라고 간주합니다.

겐로쿠(元祿)●●● 문화는 '에도'의 '겐로쿠 연간(에도 시대 전기: 1688년~1707년 전후)'의 유행이나 사상, 그에 수반된 기술과 예술을 말한다. 대체로 정신 ⑥ 적인 영역을 의미한다.

●　　가부키(歌舞伎): 음악·무용·연극의 요소가 아우러진 일본의 전통극. −역주
●●　 우키요에(浮世絵): 일본 에도 시대 중기에서 후기에 유행한 판화. −역주
●●● 일본 에도 시대 히가시야마[東山] 천황 때의 연호(1688~1704).

문화의 규모가 거대해져 문명이 되었다고 여기는 시각도 있으며, 문명은 어디까지나 건축이나 발명과 같은 물질적인 측면이고, 문화는 행위나 생각과 같은 정신적인 측면이라고 여기는 시각도 있습니다. 해석은 분분하므로 그때그때의 맥락에 맞춰 이해하는 것이 중요합니다.

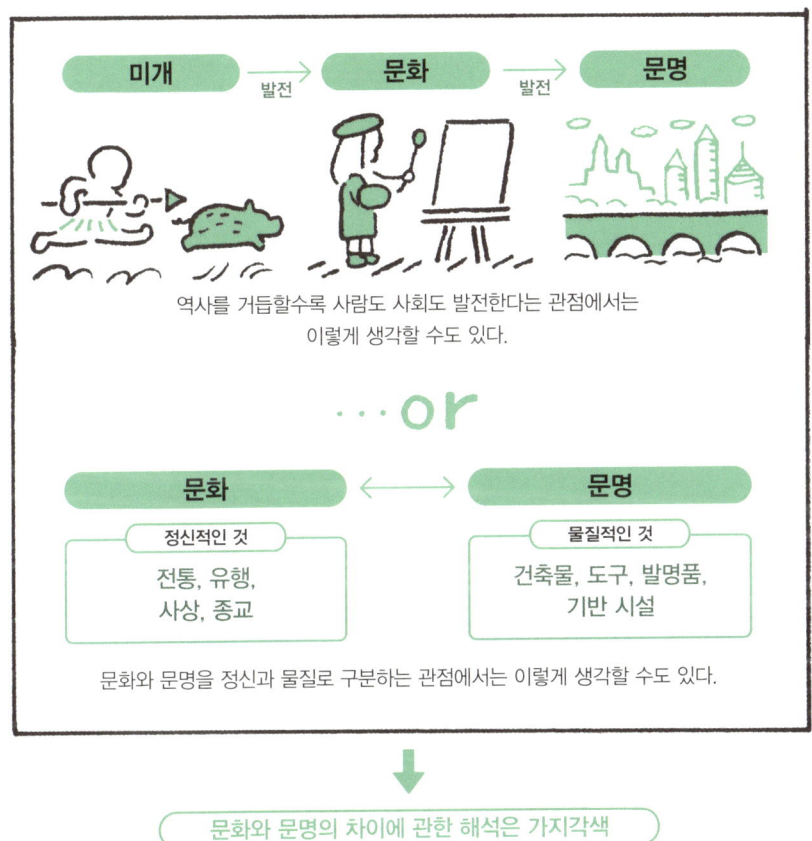

역사를 거듭할수록 사람도 사회도 발전한다는 관점에서는
이렇게 생각할 수도 있다.

···or

문화와 문명을 정신과 물질로 구분하는 관점에서는 이렇게 생각할 수도 있다.

문화와 문명의 차이에 관한 해석은 가지각색

현대에는 '문화의 차이'라고 하면, 국가, 지역, 민족 **7** 에 따른 생활 습관이나 가치관 **8** 의 차이를 의미하는 경우가 많은 듯합니다.

 **5-2**

자문화 중심주의
−우리 문화가 가장 우월하다−

다음으로 근현대에 이르는 서양 사회를 통해, 비서양(非西洋) 문화가 서양인의 눈에 어떻게 비쳤는지를 들여다봅시다.

① 서양의 가치관

기독교 가치관의 영향을 받은 서양에서는 비기독교 사회는 '타락한 사회'로 여겼습니다.

자신들의 가치 기준 가운데 하나인 기독교를 신앙으로 삼지 않는
사람들은 야만적인 존재로 치부했다.

더욱이 근대에 이르러 **근대합리주의** ⑨ 가치관의 영향을 받자, 근대합리주의를 따르지 않는 사회는 '열등한 사회'로 비칩니다.

자신들의 가치관 중 하나인 근대합리주의를 지향하지 않는
사람들이나 문화를 열등한 존재로 치부했다.

② 역사적 진보주의

18세기 이후 '인류와 사회는 역사를 거듭하면서 차츰차츰 진화하는 것'이라는 역사적 **진보주의 ❿** 가치관이 널리 퍼집니다. 이 가치관에 따라 서양 사회는 진화의 최전선을 달리는 '선진 사회'이고, 서양 외의 다른 사회는 '뒤떨어진 사회'로 비치게 됩니다.

[역사적 진보주의]

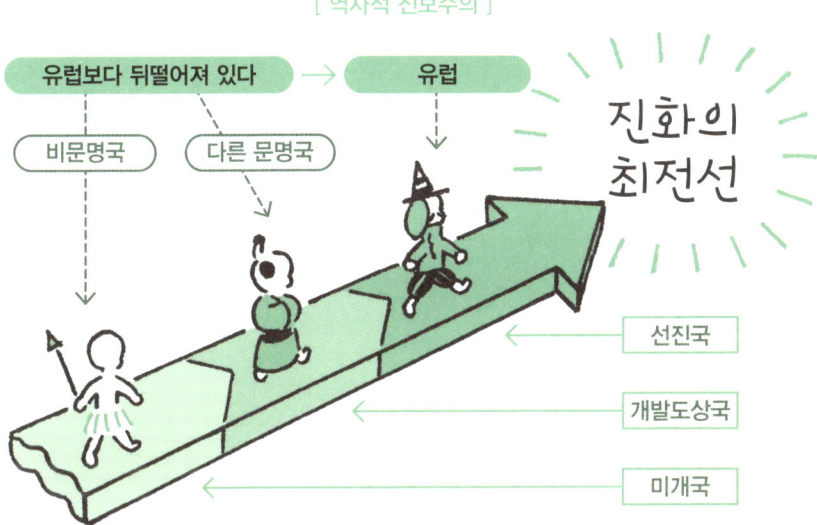

세계의 발전을 하나의 일직선 위에 두는 역사적 진보주의는,
서양의 과학 문명이 진화의 최전선이라 여기며, 전 세계가 언젠가는
서양과 같은 과학 문명이 되리라 여겼다.

③ 국민국가주의

19세기에 접어들자 근대 서양 국가들은, 국민에게 국가 **귀속⑪**과 일체감을 요구하는 **국민국가⑫**주의 정책을 채택합니다. 국민국가주의를 채택한 국가들은 같은 문화, 같은 언어, 같은 민족으로 통일하는 것이 국민의 일체감과 소속감을 견고히 한다고 생각했습니다.

[국민국가주의 정책]

하나의 국가가 단일 문화, 단일 언어, 단일 민족만으로 형성될 순 없다. 그러나 하나로 결속시킴으로써 국민의 일체감을 높이고자 했다.

국민국가주의 정책 아래에서 국민이 국가에 대한 소속감으로 국가에 대한 충성심이 높아진다고 생각했다.

그러자 같은 서양권 국가들조차, 자기들의 국가만 위대하다고 생각하고 다른 국가는 '열등한 사회'로 여기게 됩니다.

자국 내에서의 일체감은 한편으로는 타국에 대한 차별 의식을 낳기도 한다.

④ 자문화 중심주의

이처럼 자신이 속한 국가나 민족을 우수하게 여기고, 여타의 국가나 민족은 열등한 존재로 치부하는 태도를 자문화 중심주의⑬라고 합니다.

[자문화 중심주의]

나의 민족과 문화가 가장 우수하다!!

주로 근대 이후 '진보주의'와 '국민국가주의'를 통해 등장했다.

'민족'도 '문화'도 근대 이후에 이르러 주목받았을 뿐 절대⑭적인 존재가 아니었으나,
자문화 중심주의는 민족과 문화를 절대시했다.

5-3 문화상대주의
－모든 문화는 위대하다－

이번에는 20세기 이후 문화를 바라보는 관점을 파악해 볼까요. 마침내 문화의 다양성이 존중⑮ 받게 됩니다.

1 문화상대주의 가치관

자문화 중심주의에 대한 반발로, 20세기부터 다양한 문화를 존중하는 '문화상대주의⑯' 라는 입장이 등장합니다. 문화상대주의 입장에서는 각 문화에는 우열이 없으며, 각 지역의 풍토, 기후, 환경과 같은 다양한 관계에 적응해 가며 각자의 문화가 형성되었다고 봅니다.

일본

고온다습(여름)한 기후에 바람이 잘 통하는 '나무' 문화에서는, 밖에서 집안이 훤히 들여다보인다.

서양

두꺼운 벽으로 둘러싸인 밀실과 같은 '돌' 문화에서는 집안과 외부가 차단된다.

사생활이라는 개념이 없는 생활에서는, 함께 상호작용을 하는 '세간(世間)⑰'이 형성된다.

집에서 사생활이 보호되는 생활은, 자신을 성찰하는 '자아⑱'가 형성된다.

가령 일본과 서양을 비교할 때 '서양에는 있으나 일본에는 없는 것', '일본에는 있으나 서양에는 없는 것'이라는 관점에서 보면 서로가 자문화 중심주의에 빠지게 된다. 그렇게 생각하기보다는 '각자의 문화가 누리고 있는 것'을 보려고 한다.

'각자의 문화가 누리고 있는 것'은
각 지역의 풍토나 생활 습관에 적응하면서 얻은 산물이다.

❷ 문화인류학

같은 20세기, 다양한 문화의 공통된 구조❶❾를 밝혀내는 '문화인류학❷⓿이라는 학문이
레비스트로스①를 중심으로 퍼집니다.

[문화인류학]

다양한 문화의 구조(전체의 틀)를 밝혀내어 보편❷①적인 공통점을 찾으려 했다.

문화인류학 입장에서는, 각각의 문화에는 눈에 보이지 않는 공통된 구조가 있으며, 우리는
무의식❷❷적으로 그 구조에 입각하여 행동한다고 여깁니다.

예컨대 한때 많은 문화권에서 동성 결혼을 금지해 왔지만, 사실 동성 결혼이 잘못되었다는
근거는 없다. 그럼에도 거의 공통된 규범으로 문화 속에 존재하며,
우리는 아무 근거도 없이 그 규범을 믿고 따른다.

③ 다문화주의 경영

제2차 세계대전 이후, 경제활동 분야에서 세계화가 진행되면서 수많은 국가의 상품이 전 세계로 유통되기 시작합니다. 그 결과 국제 경제력이 높은 국가의 상품만이 전 세계로 퍼져 나가게 됩니다. 반면 자국 상품을 문화가 다른 나라에 그대로 내다 판다고 해도 팔리지 않습니다. 그래서 각 나라의 문화적 특성에 맞는 상품으로 개조하여 판매하게 되지요. 이것을 **다문화주의 ㉓** 경영이라고 합니다.

[다문화주의 경영]

미국 상품이 세계 곳곳으로 수출되어 전 세계가 획일화되는 양상을 초래한다.

그러나…

미국 상품을 문화가 다른 나라에 그대로 내다 팔려고 해도 팔리지 않을 때가 많다.

그래서…

상품이나 판매 전략을 상대 국가의 문화에 맞추면 현지 문화에 뿌리내릴 수 있다!!

● 쓰키미 버거: 쓰키미[月見]는 달맞이를 뜻하는 일본어로, 일본에서 가을 추석쯤 달구경 가는 이미지를 연상하여 가을 한정으로 출시하는 햄버거이다. 달걀프라이 노른자가 보름달처럼 생겼다 하여 햄버거에 달걀프라이가 들어간다. −역주

그러나 다문화주의 경영을 통해 각 지역 문화와 독자성에 맞춘 경영을 한다는 것은, 한편으로는 각 지역의 독자성을 강조하는 일이 되기도 합니다. 이로 인해 각 지역 사람들의 자문화 중심주의를 조장할 우려도 있습니다.

자기 문화의 독자성을 스스로 자각하긴 어렵지만,
외국에서 자국 문화의 독자성을 강조함에 따라 '독자성 자각'이 일어난다.

독자성을 정체성㉔ 화함으로써 자문화 중심주의가 팽배해질 위험성도 있다.

④ 문화상대주의의 문제점

서로 다른 문화의 사람들이 공존할 때, 아무리 상대방의 문화를 존중하려 해도 여러 가지 문제가 발생할 수 있습니다. 그러므로 다른 문화를 가진 타자㉕를 어느 선까지 수용할 수 있을지 서로 양보하고 이해하는 자세가 필요합니다.

다른 문화를 존중하고 받아들인다고 하더라도 서로 양보하고 이해하지 않는다면 수용할 수 없다.

문화상대주의는 국가 사이의 관계가 좋을 때는 이롭게 작동하지만, 국가 간의 정세가 불안정할 때는 제대로 작동하지 못하고 자문화 중심주의 입장이 우세해집니다.

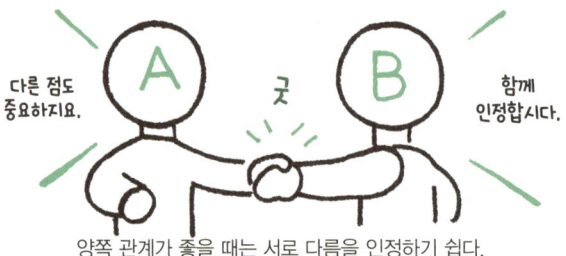

양쪽 관계가 좋을 때는 서로 다름을 인정하기 쉽다.

양쪽 관계가 악화하는 순간, 자문화 중심주의에 빠지기 쉽다.

또, 자문화 중심주의나 국민국가주의 사회에서는, 각각의 문화를 구현하는 사람을 이상적인 정체성 모델로 간주합니다. 반면, 문화상대주의에서는, 자신의 문화를 구현한 사람은 정체성 모델이 되기 어렵고 이상적인 자아를 잃어버릴 위험이 있습니다.

자문화 중심주의나 국민국가주의 세계에서는 국민에게 '이상적인 모델'이 제시되기 때문에,
정체성 모델(모방 대상)을 찾지 못해 고민하는 일은 거의 없다.

문화상대주의에서는, 다양한 문화의 도입과 융합을 권장하고 자국 문화를
고집㉖ 하는 것을 거부하기 때문에 '이상적인 모델'을 찾기 힘들다.

5-4 현대 문화
−미디어가 문화에 미치는 영향−

마지막으로 현대 문화를 가볍게 짚고 넘어가겠습니다. 현대 문화에 이르는 미디어의 변화부터 살펴보겠습니다.

① 대중 매체와 거대서사

15세기 서양에서 활판인쇄술 ㉗ 이 발명되었습니다. 활판인쇄술을 통해 한 사람의 사상이 많은 사람들을 계몽 ㉘ 할 수 있게 되었습니다.

저자 ㉙ 의 어원은 authority(권위자)로,
많은 사람에게 자신의 사상을 전파할 수 있는 저자는 권위를 가진 존재였다.

근대 이후, 모두가 똑같은 생활 방식과 가치관, 똑같은 이상(삶의 '서사 ③')을 좇는 것을 '거대서사'라고 하는데, 여기에는 대중매체 ③도 큰 역할을 담당했다고 볼 수 있습니다.

텔레비전　　라디오　　신문

서적 이상의 거대한 규모로 정보를 퍼트린다.
➡ 사람들이 가진 지식과 가치관도 비슷해진다.
➡ 추구하는 삶의 방식도 비슷하다.

TV 드라마 등의 영향

모두가 같은 삶의 방식을 추종하게 되는 '거대서사'는,
대중 매체의 영향을 받아 형성된 점도 크다.

② 인터넷 미디어와 소서사

20세기 후반부터 **인터넷 미디어** ㉜가 보급됩니다. 인터넷 보급으로 수많은 사람들이, 자신이 원하는 개별 정보를 손에 넣을 수 있게 됩니다.

하나의 정보를 모두에게 전달하는 기존의 미디어와는 달리, 개개인이 어떤 정보에 접근하느냐에 따라 입수하는 정보가 달라진다.

과거에는 소수의 도서 저자가 다수의 독자를 계몽하는 형태였다면, 현대의 SNS와 같은 인터넷 환경에서는 누구나 저자가 되어 전 세계로 자기 생각을 전파할 수 있습니다.

소수의 저자가 다수에게 전달하는 기존 미디어와는 달리, 다수의 저자(발신자)가 다수에게 전달할 수 있다.

현대에 생활 방식과 가치관과 이상이 개개인에 따라 달라지고 다양화된 상황을 '소서사'라고 하는데, 이런 변화에는 인터넷 미디어도 큰 영향을 미쳤다고 볼 수 있습니다.

내가 살아가는 방식

내가 살아가는 방식

내가 살아가는 방식

인터넷에서 획득한 정보로 다양한 선택을 한다

개개인의 생활 방식이 다양화하는 '소서사'는,
인터넷 미디어가 부추긴 점도 크다.

제5장의 이야기는 여기까지입니다. 세계화 ㉝ 가 이루어진 현대에는 문화의 정체성을 둘러싼 수많은 입장과 가치관이 존재하며, 무엇이 옳고 무엇이 그른지 정답은 없습니다. 그러므로 세계화 시대에는 '각자의 정의'를 서로 존중하는 자세가 필요할지도 모릅니다.

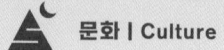
핵심 용어와 핵심 인물을 알아보자
KEYWORD & KEYPERSON

근대 국민국가가 만든 자문화 중심주의에 대한 반발로, 모든 문화를 대등하게 생각하는 문화상대주의가 탄생했지만, 세계화 시대로 진입하면서 크고 작은 문제들에 직면하고 있습니다. 한편, 대중 매체가 만든 '거대서사'와, 인터넷 미디어를 통한 '소서사'가 교차하는 상황이 오늘날 문화의 특징 중 하나라고 볼 수 있습니다.

※ 앞 Chapter에서 소개한 키워드는 간단하게만 짚고 넘어갑니다.

5-1
문화와 문명
−문화란 무엇이고 문명이란 무엇인가?−

KEYWORD

❶ 문화
culture
특정 지역 사람들의 전반적인 생활양식.
➡ 풍습·습관·가치관·사상·기술·예술·종교와 같은 인간의 정신적 활동 및 그 산물을 주로 일컫는다.

❷ 문명
civilization
도시를 형성하고 인간의 지혜로 이룩한 산물로 대체로 물질적인 발전을 말한다.
➡ 문명과 문화를 거의 동일한 개념으로 사용하는 경우도 많다.

❸ 시민
citizen
도시 사회를 구성하는 자립한 개인
➡ '시민사회'는 왕이나 군주가 아닌, 시민이 중심이 되는 사회를 말한다.

❹ 도시
city
인구가 많고 번화한 지역.

❺ 인프라
infrastructure
생활 기반을 형성하는 시설 따위의 총칭.
➡ 도로·항만·수도·학교·병원·공원과 같이 도시 생활의 토대가 되는 것을 말한다.

❻ 정신   (→ Chapter 2)
인식하거나 사고하는 마음의 영역

❼ 민족
ethnic group
공통의 조상, 신화, 언어, 생활양식을 공유하는 집단.
➡ 태생이나 유전자 따위로 명확하게 구별되는 것이 아니라, 실제로는 상상의 산물일 뿐이다.

❽ 가치관
values
사물에 대해 '옳다', '선하다', '아름답다' 등을 판단하는 기준이 되는 관점.
➡ 가치관은 주로 각 시대나 지역의 생활 습관, 풍습, 종교에 의해 길러진다.

5-2
자문화 중심주의
-우리 문화가 가장 우월하다-

KEYWORD

9 근대합리주의　　　(→ Chapter 1~3)
'과학성'과 '합리성'을 '정의'의 가치 기준으로 삼는 사고방식.

10 진보주의　　　(→ Chapter 1·2)
인류와 세계는 발전하고 나아간다는 사상.

11 귀속
belong
사회나 조직 등에 소속되어 따르는 일.

12 국민국가　　　(→ Chapter 1·2)
'○○민족', '○○언어', '○○문화'를 바탕으로 국민을 하나로 결집시켜 성립하는 국가. 국민의 충성심과 소속감을 고취하는 국가정책 아래 발전된 개념.

13 자문화 중심주의
ethnocentrism
자신이 속한 문화의 가치관을 기준으로 다른 문화를 평가하는 태도.
➡ 대체로 자신의 문화가 우수하다고 여기며 다른 문화를 차별하는 경향이 있다.

14 절대·상대
absolute / relative
사물을 다른 것과 비교하지 않고 파악하는 것이 절대이고, 다른 것과 비교하여 파악하는 것이 상대이다.
➡ 절대시란, 다른 것과 비교하지 않고 그것만이 옳다고 여기는 것. 절대적이란 다른 비교 대상이나 예외가 존재하지 않는 것.

5-3
문화상대주의
-모든 문화는 위대하다-

KEYWORD

⑮ 존중
respect
가치 있고 귀한 존재로 소중히 여기는 것.

⑯ 문화상대주의
cultural relativism
모든 문화는 대등하며 우열을 가릴 수 없다고 보는 태도.

⑰ 세간(世間)
world
사람들 인간관계 안의 사회.
➡ 원래는 불교 안에서 세계를 의미했으나, 시간이 지나면서 주로 사람들의 인간관계 안의 사회를 지칭하게 되었다. 특히 일본에서는 그 안에서 생활하는 사람들의 행동 규범을 의미하게 되었다.

⑱ 자아　　　　　(→ Chapter 2·4)
의식하여 행동하는 주체로서의 자기.

⑲ 구조　　　　　(→ Chapter 3)
사물을 이루는 보편적인 틀.

⑳ 문화인류학
cultural anthropology
각 문화에 공통된, 보이지 않는 구조를 밝히려는 학문.

㉑ 보편　　　　　(→ Chapter 1·2)
시대와 장소를 불문하고 두루 통용되는 것.

㉒ 무의식　　　　　(→ Chapter 2·4)
자기 안에서 자각하지 못하는 내면

㉓ 다문화주의
multiculturalism
각각의 문화를 동등한 관계로 존중하는 것.
➡ 이 개념 역시 여러 가지 의미로 쓰이지만, 주로 교류 촉진의 입장에서 생각하면 된다. '다문화주의 경영'은 상대방의 문화에 맞춘 경영 전략을 말한다. 지역 특산품도 국내에서의 다문화주의 경영으로 볼 수 있다.

㉔ 정체성　　　　　(→ Chapter 2)
확고한 '나다움'을 가지고 나의 본질적 특성을 일관되게 유지하는 것.

㉕ 타자　　　　　(→ Chapter 2)
스스로 '나 이외의 것'이라고 여기는 범위.

㉖ 고집
persistence
자신의 의견을 고수하며 양보하지 않는 것.

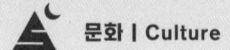

KEYPERSON

① 레비스트로스

Claude Levi-Strauss(1908~2009)
프랑스의 문화인류학자. 문화와 신화의 구조를 규명하려 한 구조주의와 그 후의 많은 사상에 영향을 주었다.

5-4
현대의 문화
-미디어가 문화에 미치는 영향-

KEYWORD

27 활판인쇄술　　(→ Chapter 1)
책을 대량으로 생산할 수 있게 된 기술.

28 계몽(계몽사상)　　(→ Chapter 1)
시민들에게 올바른 지식과 사고방식을 가르치고, 이를 널리 전파하는 운동.

29 저자
author
책을 쓴 사람.
➡ 과거의 저자는 사람들을 계몽하는 힘을 지닌 권위가 있는 사람이었지만, 인터넷 미디어의 보급으로 누구나 저재(발신자)가 될 수 있게 되면서 저자의 권위가 약화하기 시작했다.

30 서사(이야기)　　(→ Chapter 1·3)
인간의 삶의 방식과 사회의 모습.

31 대중매체
mass media
불특정 다수의 사람에게 정보를 발신하는 수단 및 매체.
➡ 신문·잡지·라디오·텔레비전·인터넷 등.
매스컴이란 대중매체로 정보를 전달하는 것, 또는 전달하는 기관을 말한다.

㉜ 인터넷 미디어
internet media
인터넷을 이용한 정보전달 수단 및 매체.
➡ 대중매체보다 인터넷 미디어가 정보가 방대하고 빠르다. 또한, SNS(인터넷으로 사람들의 교류를 촉진하는 사이트)의 보급으로 누구나 정보를 발신할 수 있게 되었다.

㉝ 세계화   (→ Chapter 1·2)
인간의 활동이 국경을 넘어 전 세계로 확대되는 현상.

6

Chapter

경제

Economy

인간은 '경제'에 어떻게 관여해 왔을까?

이 장에서는 자본주의경제의 역사를 중심으로 살펴봅니다. 경제학 및 경제 용어와 관련
된 설명을 비롯하여, '경제의 거대한 파도와 흐름'을 이야기로 배워봅니다.

교양을 쌓자
ENRICH YOUR EDUCATION

🔍 주요 키워드

- ☑ 자본주의
- ☑ 자본가
- ☑ 노동자
- ☑ 산업혁명
- ☑ 상업자본주의
- ☑ 선대제 수공업
- ☑ 공장제 수공업
- ☑ 산업자본주의
- ☑ 기계제 대공업
- ☑ 자유방임주의
- ☑ 보이지 않는 손
- ☑ 실업률
- ☑ 시장
- ☑ 세계 대공황
- ☑ 수정자본주의
- ☑ 신자유주의
- ☑ 서브프라임 위기
- ☑ 리먼 사태

자본주의의 탄생

―자본주의란 무엇일까―

여기에서는 **자본주의❶** 사회를 중심으로 경제 분야의 역사적인 흐름을 추적합니다. 먼저 자본주의에 대한 이해부터 시작하겠습니다.

❶ 자본주의란

자본주의란 쉽게 말하면 **자본가❷**(부자)가 **노동자❸**를 고용하여 부리고, 노동의 대가로 보수를 지급하는 체제입니다.

[자본주의 체제]

월급 줄 테니 일해!

열심히 하겠습니다!

자본가

노동자

자본가는 직접 일하지 않고 **자본❹**을 투자하여
노동자에게 돈을 주고 일을 시킨다.

○○만원 벌었다~!

○○억원 이익 났군

노동자

자본가

노동자가 일해서 얻은 **이익❺**은 자본가의 몫이 된다.

먼저 **산업혁명 ⑥** 이전 자본주의 체제를 가볍게 훑어봅시다.

[상업자본주의 ⑦]

원산지의 가격 차이로 이익을 얻는다. 상업자본주의에서는 국가가 적극적으로 관여한다.

[선대제 수공업 ⑧]

자본가의 지시에 따라 일하는 수공업자들은 '노동자'의 처지와 비슷하다.

[공장제 수공업 ⑨]

임금을 받고 일하는 노동자를 고용하여 분업화함으로써 대량생산이 가능해진다.

자본가는 이윤을 창출하기 위해 제품을 대량으로 생산하는 방법을 모색합니다. 이 과정을
거쳐 영국에서 산업혁명이 시작되고, 선진국은 고도의 소비 문명사회로 탈바꿈합니다.

6-2 산업자본주의

-부자가 더 큰 부자가 되는 구조-

다음으로 근대 **산업자본주의 ⑩** 의 흐름을 살펴볼까요. 근대에 일어난 일이지만 현대 사회와도 밀접하게 관련됩니다.

① 산업자본주의란

18세기 후반부터 19세기 전반에 걸쳐 거대한 공장에서 기계를 이용한 대량생산(**기계제 대공업 ⑪**)이 영국에서 자리를 잡습니다. 이른바 산업혁명입니다.

산업혁명 전

하나의 직물을 여러 사람이 수작업으로 만든다. ➡ 1년에 몇 장

산업혁명 후

각각의 공정을 분업화하고 기계를 돌려 거대한 공장에서 대량으로 생산한다.
➡ 1년에 수천 장

대량생산체제의 산업자본주의는 원래 부자였던 자본가가 더욱 부자가 되는 구조입니다.
산업자본주의 체제에서는 빈부 격차가 점점 더 커지게 됩니다.

산업자본주의에서는 빈부 격차가 더욱 커지고 부자가 큰 힘을 갖게 된다.

❷ 세계 대공황 발발

이 시기의 자본주의경제란, 국가가 시민의 자유로운 경제활동에 간섭하지 않는 **자유주의** ⑫ 경제를 의미합니다. 부유층은 국가의 규제 없이 자유롭게 점점 더 많은 이윤을 추구해 갑니다.

[자유주의경제]

애덤 스미스①에 따르면 국가의 개입을 최소화하는 **'자유방임주의'** ⑬ 경제활동이 **'보이지 않는 손'** ⑭ 에 의해 효율적인 방향으로 움직인다고 보았다.

그러나 실상은 자본가가 끊임없이 자신의 이익만을 추구한 나머지, 결국 **수요와 공급** ⑮ 의 균형이 깨지게 됩니다.

만들면 만들수록 잘 팔릴 것으로 생각한 생산자는 대형 공장에서 쉴 새 없이 제품을 찍어 냈다.

하지만 '보이지 않는 손'은 작동하지 않았고, 수요는 생각만큼 늘지 않았다. 이로 인해 많은 공장이 문을 닫았고, 수많은 사람들은 일자리를 잃고 **실업률** ⑯ 이 상승한다.

자신의 이익만 추구하는 자본가들의 행태는 **시장⑰**도 혼란에 빠트립니다. 이 혼란이 세계 경제에 영향을 미치면서 **세계 대공황⑱**으로 이어지게 되지요.

돈 많은 자본가들은 국가의 제재도 받지 않고 **주식⑲**에 거침없이 **투자⑳**한다.
➡ **투기㉑** 목적

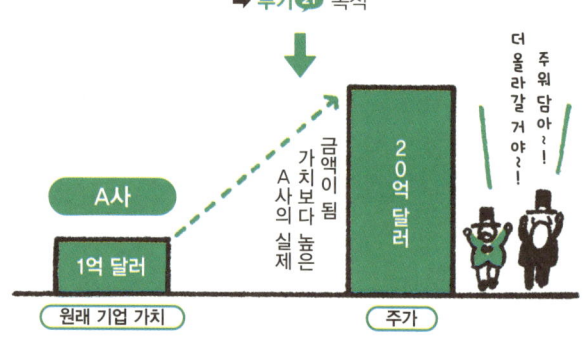

주식의 수요가 점점 몰리면서 수요와 공급의 균형이 깨지고 주가는
천정부지로 치솟게 된다.

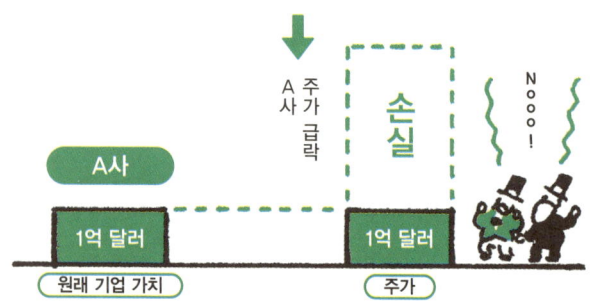

주가가 급락하면,
주가가 떨어진 만큼 고스란히 손실로 이어진다.

③ 케인스주의 경제

세계 대공황을 경험하면서 많은 국가는 **공공사업** ㉒과 같은 국가정책으로 경제 위기를 돌파하고자 했습니다.

국가가 공공사업을 통해 경제에 관여함으로써 위기에서 벗어나고자 했다
(미국의 뉴딜정책이 대표적이다).

세계 대공황을 계기로, 자유주의 사상에 뿌리를 두었던 자본주의경제에 국가 개입의 필요성을 고려하게 됩니다. 이것을 **수정자본주의** ㉓ 경제(케인스주의 경제)라고 합니다.

지금까지 자본주의사회의 전제였던 자유주의에 규제를 가했다.

이로써 국가의 개입을 최소화하는 자유주의 사상에 기초한 자본주의는 힘을 잃고, 국가의 역할을 강조한 새로운 자본주의가 탄생하게 됩니다. 사실, 자유주의를 강조한 자본주의사회를 비판하며 새로운 체제를 주창한 사람이 케인스뿐만은 아니었습니다.

자본주의와 사회주의
−두 개의 거대한 경제 체제의 대립−

잠깐 자본주의 역사에서 빠져나와 **사회주의 24**의 역사를 간단히 짚고 넘어가겠습니다. 사회주의 자체의 개념은 오래전부터 존재했습니다만, 사회주의를 널리 전파하고 위대한 사상으로 완성한 사람은 **마르크스 ③**입니다.

① 자본주의와 사회주의

자본주의사회에서 수정자본주의가 탄생한 한편, 부자는 점점 더 부자가 되고 가난한 노동자는 가난에서 헤어나지 못하는 자본주의의 작동 원리에 정면으로 맞서는 경제 체제가 등장합니다. 19세기부터 사회주의가 제창되었고, 제2차 세계대전 이후 세계는 자본주의 체제 국가와 사회주의 체제 국가로 나뉘게 됩니다.

[자본주의]

	A씨	B씨	C씨
생산판매량	300톤	200톤	100톤
수입	30만 달러	20만 달러	10만 달러

열심히 일한 사람이 많이 버는 단순한 구조이나, 열악한 환경의 C씨는 '자기 책임'이라는 이유로 구제받지 못함.

나도 최선을 다했어.
땅과 일꾼이 적었을 뿐이야.

[사회주의]

	A씨	B씨	C씨
생산판매량	300톤	200톤	100톤
수입	20만 루블	20만 루블	20만 루블

수입이 공평하게 배분됨으로써 보상을 받지 못하는 노동자가 생기지 않는다. 어떤 의미에서는 '이상적'

일괄적으로 중앙 정부로 모아 600톤분의
이익(60만 루블)을 동일하게 배분.

• 부자들만 이득을 보고 노동자는 보상받지 못하는 사회는 바람직한 사회가 아니다!!
• 일하는 모든 사람이 공정하게 보상받는 시스템이 중요하다!

마르크스

국가가 개입하지 않는 자본주의에 맞서, 국가가 경제활동을 관리하는 사회주의가 모색되었다.

② 사회주의의 붕괴

공산주의 ㉕ 의 경제 체제는 이상적입니다. 하지만 인간 사회의 현실은 이상과는 다르게 흘러갔습니다.

	A씨	B씨	C씨
생산판매량	300톤	200톤	100톤
내년 생산판매량	280톤	170톤	90톤
내후년 생산판매량	250톤	140톤	80톤

너무 열심히 할 필요는 없겠지…

결과적으로 전체 생산량이 뚝뚝 떨어짐!!

사회주의는 '합리적'이라서 근대합리주의 ㉖ 의 가치관에서 보면 이상적이다. 그러나 인간의 마음은 합리성이 아니라 이해득실을 따지기 때문에 현실에 부합하지 않았다.

	A씨	B씨	C씨
생산판매량	300톤	200톤	100톤
수입	10만 루블	10만 루블	10만 루블

못 참겠다~!

일괄적으로 중앙 정부로 모인 이익을 일부 간부가 착복. 착복하고 남은 돈 (30만 루블)을 동일하게 배분.

중앙정부 또한 '이상'대로 작동하지 않고, 중앙정부가 모은 이익을 착복한다. ➡ 불만이 폭발하여 **쿠데타 ㉗** 로 이어진다(소비에트연방 붕괴를 불러옴).

어찌 보면 너무 '이상적'이었던 사회주의는, 사회에 뿌리내리지 못한 채 역사 속으로 사라지게 됩니다.

새로운 자본주의
−자유주의경제와 국가의 관계−

자본주의 이야기로 되돌아가서, 이번에는 현대 자본주의의 동향을 살펴봅니다. 이 부분을 읽다 보면 역사는 반복된다는 섭리를 깨닫게 될 것입니다. 현대는 근대와 굉장히 흡사한 상황에 처하게 됩니다.

① 다시 자유주의경제 체제로

20세기 후반에 이르자 국가가 경제활동에 적극적으로 관여하는 케인스주의를 거부하고, 국가 개입을 가능한 배제하는 자유롭고 유연한 경제활동을 재차 강조하게 됩니다. 이를 신자유주의 28 라고 합니다.

세계는 미국을 중심으로 다시 한번 제약 없는 자유주의 노선을 선택한다. 그것도 규제를 거의 없애는 방향으로 나아간다.
➡ 신자유주의

❷ 새로운 자본주의의 모습

20세기 후반에 접어들자, 선진국에서는 물질적 풍요로움이 사회 전반으로 스며들면서 단순한 물건만으로는 더 이상 소비자의 관심을 끌지 못하게 됩니다. 상품에 새로운 '**부가가치 ㉙**'가 필요하게 되었죠.

냉장고가 각 가정으로 보급되기 전에는 사람들의 수요가 '냉장고'였기 때문에, 같은 종류의 냉장고를 대량으로 찍어 내면 그만이었다.
➡ 소품종 대량 생산

냉장고가 각 가정에 보급된 다음부터는 대량생산만으로는 판매량을 끌어 올리지 못한다. 소비자의 구매 욕구를 자극하는 새로운 부가가치가 필요해진다.

이는 '**소서사 ㉚**'의 '**포스트모던 시대 ㉛**'와도 맞물립니다. 각양각색의 생활 방식에 어울리는 다양한 부가가치를 가진 제품을 풍부하게 갖춰야 할 필요성이 대두된 것이죠. 다품종 소량 생산 시대가 도래합니다.

1980년대 이후 '거대서사'는 막을 내리고 각자의 '소서사'가 주축이 된다.
이에 발맞추어 사람들의 생활 방식이 다양해지면서, 각기 다른 욕구를 반영한 제품이 필요하게 된다.
➡ 다품종 소량 생산

③ 리먼 사태

21세기에 들어서면서 국가의 규제가 없는 자유경제 체제는 폭주합니다. 미국의 주택 담보 대출 붕괴가 기폭제가 되어 **서브프리임 위기** ③②가 발생하자, 미국의 금융기관이 위기 상황에 놓입니다. 그러나 미국 정부는 '국가의 간섭 없는 자유주의'를 이유로 어떤 개입도 하려 하지 않습니다. 이로 인해 세계 굴지의 미국 투자 은행이 파산하게 되는데, 이것이 바로 **리먼 사태** ③③입니다.

미국에서 서브프라임 모기지라는 주택담보대출이 금융상품화하다. '부동산 가격이 계속 올라 큰 수익을 낼 것'으로 예측되자 전 세계가 앞다투어 이 상품에 투자하였다.

예상이 빗나가 부동산 가격이 하락하였고 집값이 대폭락했다. 이 손실로 미국 대형 투자 은행 리먼 브러더스가 파산 위기에 빠졌다.

금융 위기 당시 미국 정부는 구제하려 들지 않았다. 이로 인해 미국 정부도 신용을 잃게 되고, 리먼 브러더스의 파산과 함께 국제 금융시장의 주가가 동반 하락하였다.

④ 다시 부상하는 케인스주의

리먼 사태를 교훈 삼아 현대의 거대한 국제경제 상황에서는, 자유주의경제 체제 내에서도 국가의 적극적인 개입이 필요함을 실감하게 됩니다. 케인스 사상이 다시금 주목받게 된 것이죠.

[**신자유주의**]

국가는 경제활동에 가능한 개입하지 않는다.

세계화 34 의 영향으로 거대화된 현대사회에서는 특히, 시장의 힘만으로는 더 이상 잘 돌아가지 않는다.

[**양자 상호 의존 35**]

국가와 시장이 적절한 균형을 이루는 체제가 새롭게 모색되었다.

그리고 오늘날, 국제 경제가 날로 세계화되어 가는 가운데, 국가가 시장에 얼마나 관여할 것인가를 두고 양자의 상호의존 관계에 대한 논의가 계속되고 있습니다.

경제 이야기는 여기까지입니다. 현대에 이르기까지 자본주의의 역사를 중심으로 살펴보았습니다. 흥미로웠습니까?

핵심 용어와 핵심 인물을 알아보자
KEYWORD & KEYPERSON

국가의 간섭 없이 부자는 더 큰 부자가 되는 자유방임주의 경제에 대한 반발로, 20세기에는 국가가 경제활동에 일정 부분 개입하는 '수정자본주의'와, 국가가 경제활동을 관리하는 '사회주의'가 탄생합니다. 그러나 이들에 대한 반동으로 국가가 경제활동에 거의 관여하지 않는 '신자유주의'가 20세기 말에 등장하지만, 리먼 사태 이후 다시금 국가 개입의 필요성이 재조명되게 됩니다.

※ 앞 Chapter에서 소개한 키워드는 간단하게만 짚고 넘어갑니다.

6-1
자본주의의 탄생
-자본주의란 무엇일까?-

KEYWORD

---

❶ 자본주의
capitalism
자본가가 노동자를 고용하여 일을 시키고 이익을 얻는 체제.

❷ 자본가
capitalist
돈(자본)을 주고 노동자를 고용하여 이익을 얻는 사람.

❸ 노동자
labor
자본가에게 노동을 제공하고 임금을 받는 사람.

❹ 자본
capital
장사나 사업 따위의 밑천이 되는 돈.
➡ 자본을 끊임없이 자가증식시키는 체제가 자본주의라고 할 수 있다.

❺ 이익
profit
장사나 사업 따위를 하여 번 돈. 이윤이라고도 함.

❻ 산업혁명 (→ Chapter 1)
18세기 후반부터 19세기 전반에 걸친 생산 기술의 혁신으로, 산업과 사회에 큰 변화를 불러온 사건. 19세기부터 근대화의 발판이 됨.

❼ 상업자본주의
commercial capitalism
상인이 원산지의 가격 차이를 이용하여 이익을 얻는 체제.
➡ 대항해시대(→제1장)의 산물이나, 당시에는 여전히 국가의 영향력이 커서 자유로운 경제활동과는 거리가 멀었다.

❽ 선대제 수공업
자본가가 원재료나 도구 따위를 수공업자에게 빌려주고 집에서 생산하게 하는 방식. 완성된 상품은 자본가가 사들여 판매한다.
➡ 많은 사람이 공장에 모여 일을 분업하여 진행하는 작업은 아니나, '수공업자'가 '노동자'로 이행해 가는 과정이라고 할 수 있다.

❾ 공장제 수공업(매뉴팩처)
manufacture
자본가가 노동자를 대거 고용하여 공장에서 대량생산하는 체제.
➡ 대규모 공장을 통한 대량생산의 시작. 당시에는 더 많은 제품을 생산하는 사람이 더 많은 돈을 벌 수 있었으므로, 합리성(→제1장)이 높은 대량생산 방식을 추구했다. 공장제 수공업은 훗날 기계제 대공업으로 이어진다.

6-2
산업자본주의
-부자가 더 큰 부자가 되는 구조-

KEYWORD

⑩ 산업자본주의
industrial capitalism
거대한 공장에서 많은 노동자를 통한 소품종 대량
생산 체제
➡ 이에 따라 거대한 공장을 소유한 자본가는 막대
한 부와 권력을 거머쥐게 되고, 훗날 독점자본주의
로 이행한다.

⑪ 기계제 대공업
great industry
기계를 이용해 대규모로 대량생산을 하는 방식.
➡ 기계 도입으로 제품 생산량이 폭발적으로 증가
했다.

⑫ 자유주의
liberalism
국가 규제를 가능한 한 배제한 사회 체제.

⑬ 자유방임주의(레세페르)
laissez-faire(프랑스어)
경제활동에서 개인이 자유경쟁을 통해 이익을 추구
하고, 국가는 가급적 개입하지 않는 편이 사회 전체
에 이익을 가져다준다는 경제사상 및 정책.
➡ 18세기 영국 경제학자 애덤 스미스가 주장한 용어
로, 고전적 자유주의 경제정책을 상징한다.

⑭ 보이지 않는 손
invisible hand
자유경쟁을 통해 수요와 공급의 균형 및 가격 따위
가 자동으로 최적의 상태가 되도록 신의 '보이지 않
는 손'에 의해 조정된다는 생각.
➡ 애덤 스미스의 자유방임주의를 정당화하는 개념
이다. 실제로는 거대화한 시장 내에서는 보이지 않는
손은 작동하지 않았다.

⑮ 수요·공급
demand / supply
수요란, 소비자가 상품을 사려고 하는 욕구를 말한
다. 공급이란, 생산자가 상품을 시장에 공급하는 것
을 말한다.
➡ 많은 소비자가 원하고 있음에도(수요가 높은 상
태) 생산량이 적다면(공급이 낮은 상태) 상품 가격
은 오르고, 소비자가 원하지 않는데도(수요가 낮은
상태) 생산량이 많다면(공급이 많은 상태) 상품 가
격은 내려간다.

⑯ 실업률
unemployment rate
일할 의지와 능력이 있음에도 불구하고 일자리를 갖지 못한 사람들의 비율.
➡ 노동자를 줄이는 편이 인건비가 들지 않아 수익이 높아지겠지만, 그렇게 내몰린 실업자는 돈이 없어 물건을 사지 않는다. 결과적으로 노동자를 줄이고 실업자를 늘리면 수익은 오히려 떨어진다. 따라서 사회 전체에서 실업자를 어느 정도 줄일 것인가는 경제 발전을 위한 중요한 문제이다.

⑰ 시장
market
상품을 사고파는 장소.
➡ 오늘날에는 구체적인 장소가 아니라, '상품을 일반인에게 사고파는 기능'으로 여긴다. 가령 '주식시장에 상장한다.'라고 하면 '회사의 주식을 공개적인 거래소에서 사고팔게 되었다.'라는 뜻이 된다.

⑱ 세계 대공황
world crisis
공황(恐慌)이란 호황에서 벗어나 급격하게 경기가 침체하여 심각한 불황에 빠지는 현상을 말한다. 세계 대공황은 세계 규모의 경제 공황을 가리킨다.
➡ 특히 1929년, 미국에서 시작해 세계로 확대된 대공황을 가리키는 경우가 많다. 세계 대공황의 원인으로는 여러 가지 주장이 있다. 생산과잉 및 주가 폭락은 하나의 원인에 지나지 않는다.

⑲ 주식
stock
회사가 사업을 하기 위한 자금을 조달하기 위해 발행하는 증권.
➡ 각 회사의 주가는 그 회사의 가치와 향후 가격 상승 전망, 경제 상황 등에 따라 수시로 변동한다.

⑳ 투자
investment
자본가가 기업 등에 '자본을 대는 것'.
➡ 빌려주는 것이 아니기 때문에, 투자한 자금이 돌아온다는 보장은 없다. 기업을 신뢰하여 주식을 매매하는 일은 투자에 해당한다. 반면 융자(loan)는 자본가가 기업에 자금을 '빌려주는 것'을 말한다. 빌린 돈은 기본적으로 갚아야 한다. 은행 대출은 융자에 해당한다.

㉑ 투기
speculation
자신의 이익을 목적으로 단기간에 투자하는 행위.
➡ 투자와 비슷한 개념. 단, 투자는 투자 대상 기업을 위해 도움이 되는 행위로 보지만, 투기는 오직 자신의 이익만을 목적으로 단기간에 하는 행위로 도박과 같은 성질이 강하다. 단기간 내에 차익(가격 차에 따른 이익)을 얻기 위한 주식 매매는 투기에 해당한다.

㉒ 공공사업
public works
국가나 지방자치단체가 공공의 이익을 위해서 벌이는 사업.

㉓ 수정자본주의

modified capitalism

자본주의가 작동하는 과정에서 발생하는 문제를 정부가 적극적으로 개입하여 해결하려는 체제. 실업률 감소를 목적으로 국가가 개입하여 공공사업을 늘리는 일 등이 이에 해당한다.

➡ 경제와 사회에 정부가 적극적으로 개입하는 태도(큰 정부)를 주장한다. 20세기 영국 경제학자 케인스의 영향을 받았다.

KEYPERSON

---

① 애덤 스미스

Adam Smith(1723~1790)

자유방임주의 경제를 설파한 영국의 경제학자.

② 케인스

John Maynard Keynes(1883~1946)

자유방임주의 경제를 대체하여 수정자본주의 경제를 도입한 영국의 경제학자.

6-3
자본주의와 사회주의
−거대한 두 경제 체제의 대립−

KEYWORD

24 사회주의
socialism
생산수단과 재산을 공동으로 관리하고 평등하게 분배하는 체제.
➡ 19세기 독일 경제학자 마르크스가 주창한 사상이다. 마르크스는 소수의 부자만이 이익을 보는 자본주의 체제를 비판했다.

25 공산주의
communism
사회주의가 한층 더 진화하여 모든 면에서 평등을 실현하고자 한 체제.
➡ 마르크스는 자본주의 체제가 노동자의 혁명으로 붕괴하고, 그 후에는 이상적인 공산주의 체제가 들어설 것이라고 예언했다.

26 근대합리주의   (→ Chapter 1 - 3 · 5)
'과학성'과 '합리성'을 '정의'의 가치 기준으로 삼는 사고방식.

27 쿠데타
coup d'état
일부 지배계급이 권력 강화를 위해 무력이나 폭력을 사용하는 행위.

KEYPERSON

③ 마르크스
Karl Heinrich Marx(1818~1883)
과학적 사회주의를 주창한 독일의 경제학자이자 철학자.

6-4
새로운 자본주의
-자유주의경제와 국가의 관계-

KEYWORD

㉘ 신자유주의
neoliberalism
국가의 시장 개입을 가능한 배제하는 경제활동을 존중하는 입장.
➡ 경제나 사회에 대한 정부 개입을 최소한으로 하는 입장(작은 정부)을 지향한다. 20세기 미국 경제학자 프리드먼이 대표적 인물이다.

㉙ 부가가치
added value
상품에 부여된, 다른 물건에는 없는 독자적인 가치. 또는 생산 과정에서 새로 덧붙인 가치. 경제 분야에서는 주로 후자의 의미로 쓰인다.

㉚ 소서사   (→ Chapter 1)
인간의 삶의 방식과 사회 체제(서사)가 다양화되어 가는 것.

㉛ 포스트모던 시대   (→ Chapter 1·2)
'근대 사상을 탈피한다.'라는 의미로, '정의'의 기준이 다양화된 사회.

㉜ 서브프라임 위기
subprime crisis
미국의 비우량 주택담보대출(서브프라임 모기지)의 붕괴로 초래된 금융 위기.

㉝ 리먼 사태
the collapse of Lehman Brothers
미국의 대형 투자은행 리먼 브러더스의 파산으로 촉발된 글로벌 금융위기.
➡ 리먼 브러더스는 서브프라임 모기지의 파생 상품을 대량으로 보유하고 있었기 때문에, 서브프라임 위기가 닥치자 직격탄을 맞았다. 미국 정부는 리먼 사태에 대해 별다른 구제책을 마련하지 않았고, 리먼 브러더스는 파산하게 된다. 이를 시발점으로 국제 금융시장의 주가가 동시다발로 폭락하였다.

㉞ 세계화   (→ Chapter 1·2·5)
인간의 활동이 국경을 넘어 전 세계로 확대되는 현상.

㉟ 상호의존
interdependence
서로가 서로를 의지하고 필요로 함으로써 함께 발전해 가는 것.
➡ 국가와 시장의 상호의존뿐만 아니라 국가와 국가, 중앙과 지방, 자연과 인간 등 다양한 국면에서 주목받고 있다.

KEYPERSON

---

④ 프리드먼

Milton Friedman(1912~2006)

미국의 경제학자. 케인스 경제에 대항하여, 정부의
시장 개입을 규제하고 자유로운 시장체제에 맡기는
통화주의(通貨主義)를 주도했다.

7

Chapter

사회

Society

'자유'와 '제약'의 균형은 어떻게 이루는 걸까?

제7장에서는 사회 속에서 '권력'과 '자유'가 걸어온 발자취를 중심으로 이야기합니다.
이어서 현대 사회에서의 '자유'와 '제약'에 대한 다양한 관점에 대해 살펴봅니다.

교양을 쌓자
ENRICH YOUR EDUCATION

🔍 주요 키워드

☑ 권력	☑ 〈제국〉	☑ 자유	☑ 제약
☑ 권리	☑ 책임	☑ 의무	☑ 시민혁명
☑ 자유주의	☑ 국민국가주의	☑ 민주주의	☑ 전체주의
☑ 신자유주의	☑ 자유지상주의	☑ 공동체주의	☑ 시위
☑ 테러	☑ 멀티튜드	☑ 환경윤리	

권력의 원리

−'권력'은 '누군가'가 아니라 사회 체제가 소유한다−

먼저 '권력 ❶'에 대해 근대 이전과 이후의 차이를 파악해 볼까요. 둘의 차이점을 파악하고 나면 다음에 나올 '자유'와 연결해 봅니다.

❶ 과거의 권력

근대 이전 사회에서는, 왕과 영주와 같은 특정 권력자가 '죽음'에 대한 공포로 사람들을 '위협'하여 복종하게 했습니다.

따를지어다~

복종하지 않으면
목숨 따윈 없어~

권력자

권력은 '누군가'가 '죽음'에 대한 두려움을 앞세워 위협함으로써 얻을 수 있었다.

② 근대 이후의 권력

근대 이후의 권력은, 사람들을 정신적으로나 육체적으로 '살리는 방식'으로 더욱 복종하게 하는 통치 전략을 구사하게 됩니다. 이를 프랑스 철학자 푸코①는 생권력❷이라고 불렀습니다.

복지 정책이나 치안 유지처럼, '살리는 방식'을 사람들이 선택하면서 공교롭게도 권력의 지배와 관리를 허용하게 된다.

더욱이 20세기 말에 이르러 세계화가 진행되자, 권력은 특정한 '누군가'가 쥐는 것이 아니라 사회 체제 그 자체에서 형성되고 유지되게 됩니다. 이러한 새로운 권력 형태를 네그리②와 하트③는 황제가 지배하는 제국과는 다른 의미의 제국❸으로 정의합니다.

[제국]　　　　　　　　[제국]

황제가 지배하는 나라. 권력은 황제가 가진다.

세계화된 거대사회의 체제를 지배하는 체제, 또는 그 권력이 〈제국〉이다. 권력은 '누군가'가 아닌 체제 그 자체가 거머쥔다.

이처럼 현대사회는 사람들에게 자유를 보장하고 있는 듯 보이지만, 더욱 교묘하게 사람들을 관리하는 사회 체제라고 볼 수 있습니다.

자유의 원리
7-2
−'자유'란 제약에서 벗어나는 것−

다음으로 자유❹에 관한 이야기입니다. 자유를 보장받으면서도 권력에 휘둘리는 현대 사회에서, 과연 자유란 무엇일까요. 현대에 접어들면서 자유의 의미가 다양화되었기 때문에 다시 한번 자유의 개념을 올바르게 짚고 넘어갈 필요가 있겠지요.

① '자유(自由)'의 개념

영어의 liberty와 freedom은 원래 '제약❺'이나 '속박❻'으로부터의 '해방'이 일반적인 의미입니다.

'자유'란 원래 교회나 인습❼ 따위의 여러 가지 제약에서 벗어나는 것을 의미했다.
무슨 짓을 해도 괜찮다는 뜻이 아니다.

제약에서 벗어났거나 제약을 받지 않는 사람들은, 국가의 통제를 받지 않을 권리 ⑧를 얻는 대신 스스로 판단하고 규제하는 책임 ⑨과 의무 ⑩가 부여됩니다.

하고 싶은 대로 행동할지, 주위를 배려해야 할지 자신의 판단에 맡긴다.

욕구 충족을 선택하면…

자신의 욕구 충족을 우선시한 나머지, 자신을 비롯하여 사회에 손해를 입히거나 해를 끼친다면 그에 따른 책임은 자기 자신에게 돌아간다.
➡ 결국 자신의 의지로 규칙을 만들고 지켜야만 한다.

그러나 일본인에게 '자유'는 '무슨 짓을 해도 괜찮다.'라는 의미로 해석되어 '이기적인 행동'과 구별하기 어려워졌습니다.

[서양인의 '자유']　　　　　　　　　[일본인의 '자유']

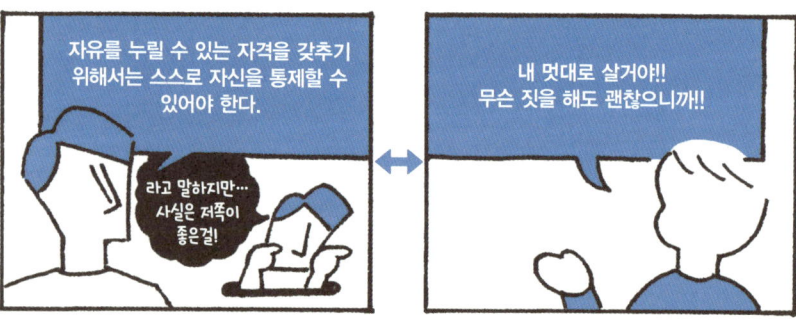

'자유'를 얻은 나라와 '자유'를 수입한 나라는, 자유를 바라보는 시각이 당연히 다를 수밖에 없다.
하지만 서양인들도 결국 '자유'를 '이기적'인 방향으로 해석하게 된다.

② 자유주의의 흐름

근대 이전 서양 사회의 '권력'이란, 왕이나 영주와 같은 지배자의 제약과 억압을 의미했습니다. 이에 저항하여 17세기부터 각 국가에서 시민혁명 ⑪이 일어났고, 지배자의 제약과 억압에서 '해방'되었습니다.

[근대 이전 서양]

국왕이나 교회 '권력'에 복종하는 형태로 사회가 형성되었다.

[17~19세기 서양]

국가는 시민들의 활동에 개입하지 않으며, 시민은 자유롭게 활동하게 된다.

➡ 자유주의 ⑫

이때부터 시민들은 국가의 제약을 받지 않고, 정치나 경제와 같은 시민 활동에 자유롭게 참여하게 됩니다. 이처럼 국가의 제약에서 벗어난 정치적·경제적 형태를 자유주의라고 합니다.

이로써 사람들은 국가 권력에서 해방된 사회를 쟁취했다고 믿었습니다. 그러나 이렇게 이룩한 자유로운 사회는 사람들에게 행복을 가져다주었을까요?

제약의 원리
−지나친 자유는 과도한 제약을 부른다−

다음에는 자유가 안고 있는 모순에서 비롯된 문제들을 짚어봅니다. 자유로 충만한 세계는 반대로 과도한 제약과 갈등을 초래하게 됩니다.

① 자유주의와 민주주의가 국민국가주의와 전체주의를 잉태하다

자유주의 사회에서 사람들은 각종 제약에서 벗어나게 됩니다. 그러나 인간은 제약이 있기에 **욕망 13**과 소망이 생기기 마련이고, 제약을 받지 않으면 어떻게 살아야 할지 몰라 갈피를 못 잡게 됩니다.

[제약이 있는 경우]

○○가 갖고 싶어!!
△△을 하고 싶어!!

아무 데도
가지 못한다

해야 할 일
투성이

꽉 찬 일정

인간은 '하지 못하는 상황'에 놓일수록 '하고 싶다'라는 욕망이 인다.

[제약이 없는 경우]

뭘 원하는지도 모르겠고, 하고 싶은 일이
뭔지 도통 모르겠네~

무엇이든
할 수 있다

할 일이
없다

넘쳐나는 시간

뒹굴~ 뒹굴 ～

인간이 '할 수 없는 상황'에서 벗어나 있으면, '하고 싶다'라는
욕망 자체는 사라지지 않으나 무엇을 추구해야 할지 알 수 없는 상태에 놓이게 된다.

'조국을 위해 살자'라는 새로운 '서사⓮가 고개를 들자, 어떻게 살아야 할지 몰라 갈피를 못 잡던 사람들은 서사가 제시해 준 삶의 방식으로 일제히 뛰어듭니다. 이것이 19세기부터 20세기에 걸쳐 국민국가주의⓯가 침투한 배경 중 하나로 지목됩니다.

'무엇을 추구해야 할지' 몰라 방황하던
사람들은, 그럴듯해 보이는 '해야 할 일'을 제시해 준 국가를 지지한다.
➡ 국민국가주의로 변모

국민의 대표자를 선거로 자유롭게 선출하는 민주주의⓰ 사회에서도, 빈곤한 국민이 국가의 앞날에 불안을 느낄 때는 강력한 통치력으로 국민을 통솔하고 이끌어줄 지도자를 열망합니다. 이것이 20세기에 전체주의⓱가 침투하게 된 배경 중 하나로 꼽습니다.

똑같은 방식으로 길을 잃고 헤매던 국민은, 자신이 옳다고 믿게 해주는 강력한 지도자를 지지한다.
➡ 전체주의로 변모

제2차 세계대전 이전의 세계는, 자유주의를 지향했기 때문에 오히려 과도한 국가의 제약과 속박을 받는 세계가 되었던 것이죠.

7-4 균형의 원리

－'자유'와 '제약'의 균형을 지향하다－

마지막으로 현대 사회의 모습을 살펴봅시다. 핵심 단어는 균형입니다.

① 신자유주의와 공동체주의

전쟁이 끝나고 세계가 안정을 찾아가자, 또다시 국가의 제약을 줄이고 보다 자유로운 경제 활동을 중시하는 분위기가 조성됩니다. 신자유주의⑱와 자유지상주의(리버테리아니즘)⑯가 등장하게 되는 것이죠.

전후 서양 국가(특히 미국과 영국)들은 국가가 관여하는 경제정책의 한계를 느낀다.

국가의 간섭은 자유로운 활동을 방해한다고 여겨, 자유의 폭을 새로이 확대했다.

➡ 신자유주의, 자유지상주의

반면, 정신성을 배제한 근대합리주의와 약육강식의 자유주의에 피로를 느낀 사람들은, 사람과 사람 사이의 관계를 존중하는 생활 방식을 지향하기 시작합니다. 바로 **공동체주의 20** 와 공동 사회입니다.

제약도 없이 모두가 자유롭게 자신의 이익을 추구하는 사회는,
사람과 사람 사이의 '연결고리'가 끊어진다.
➡ **게젤샤프트 21** (이익사회)

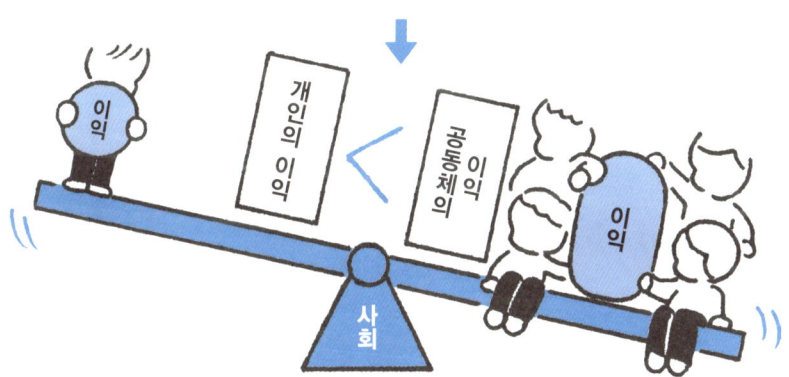

개인의 이익보다 공동체의 규범을 적극적으로 수용함으로써,
공동체의 '유대'와 '삶의 의미'를 획득하게 된다.
➡ **게마인샤프트 22** (공동사회)

리먼 사태 23 이후로는, 지나친 자유도 과도한 제약도 아닌 양쪽이 균형을 이루는 사회 체제에 관한 관심이 높아지고 있습니다.

② 네트워크로 연결된 공동체주의

1990년대부터 **IT 혁명 24** 이 일어나고, 2000년대부터 휴대전화 단말기가 보급되면서 **인터넷 25** 사회에 돌입합니다. 인터넷 세계는 거의 통제가 없는 세계입니다.

인터넷 세계에서는 익명성으로 인해 개인을 구속하는 제약이 적어,
'내 마음대로' 하는 언동이 판친다.

인터넷 세계에서의 공격이나 괴롭힘으로 현실 사회에서는 회사가 문을 닫거나,
자살, 정신 질환 같은 문제가 발생한다.

그에 대한 반작용 때문인지, 인터넷 세계에서는 SNS㉖와 인터넷 게임 안에서 친구를 만들고 공동체를 형성하려는 움직임이 활발해집니다. 국경, 인종, 성별, 나이 따위의 모든 장벽을 뛰어넘는 새로운 공동체가 자유롭게 탄생한 것이죠.

인터넷 세계에서 대다수 사람들은, 제멋대로 행동하기보다는 인터넷 안에서 친구를 만든다.
그리고 그러한 '유대 관계'를 유지하기 위한 제약을 기꺼이 받아들인다.

인터넷 공동체의 힘은 막강합니다. **시위㉗** 활동을 통한 사회 참여를 촉구하여 국가를 무너트리기도 하고, 새로운 **테러㉘** 조직을 결성하기도 하지요. 이러한 힘을 **멀티튜드㉙** 라고도 부릅니다.

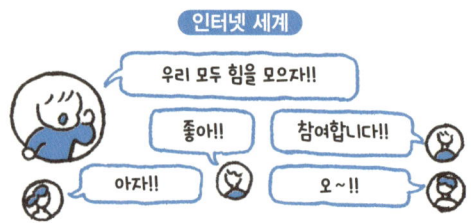

인터넷의 '결속력'을 원동력으로, 단결과 협력, 참여를 호소한다.

인터넷의 힘은 현실 세계의 기존 권력을 두려움에 떨게 할 만큼 많은 사람들을 불러 모은다.

실제로 정부를 무너뜨릴 만한 폭발력을 가진다. **아랍의 봄㉙**은 말 그대로
인터넷 세계의 결집이 사회 운동으로 확산한 사례다.

➡ 멀티튜드

③ 환경윤리라는 새로운 서사

인간은 속박당하면 자유를 염원합니다. 하지만 지나친 자유를 부여하면 제약을 원하기 마련이죠. 그렇다면 사람들 모두가 스스로 지켜야 할 규범으로 옳다고 생각하는 정의는 무엇일까요? 그래서 주목받고 있는 것이 **마이클 샌델**④이 주장한 **공통선**③와 **환경윤리**③입니다.

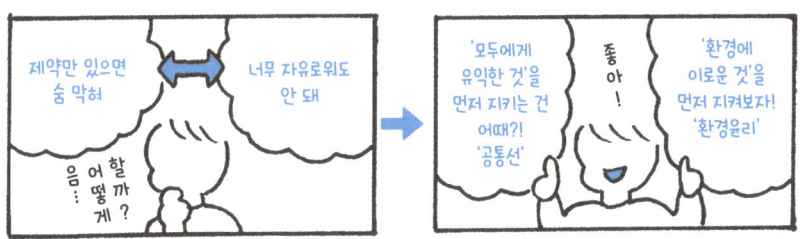

지나친 자유도 과도한 제약도 아닌 자유와 적절하게 균형을 이룬 제약을 원한다.

'공통선'과 '환경윤리'는 자유주의 사회에서 적절한 균형을 이룬 제약이 될 법하다.

환경윤리는 분명 포스트모던 시대를 개선할 새로운 '**거대서사**③'가 될 법합니다. 그렇지만 이 환경윤리도 돌파구가 없는 강대국의 **에고이즘**③에 지나지 않는다는 비판도 있습니다.

환경윤리는 전 지구적 차원에서 모두 함께 추구하는 새로운 '거대서사'에 안성맞춤처럼 보인다.

환경 파괴의 원흉은 선진국임에도, 선진국이 만든 환경윤리의 규범을 전 세계에 강요하고 있다고 해도 과언이 아니다.

이로써 제7장을 마칩니다. 여기에서 다룬 주제가 신문이나 뉴스에 나온다면 더 많은 관심을 기울여 이해의 폭을 넓힐 수 있길 바랍니다.

핵심 용어와 핵심 인물을 알아보자
KEYWORD & KEYPERSON

과거의 권력은 '누군가'가 '죽음'을 이용해 사람들을 지배하는 구조였습니다. 하지만 근대 이후에 이르러서는, '체제'가 사람을 '살리는 방식'을 통해 사람을 관리하는 구조로 바뀝니다. 더욱이 지나친 자유주의와 국가의 관리 방식 역시 사람들에게 행복을 가져다주지 못했기 때문에 '공동체 유지'나 '환경윤리'와 같은 제약을 받아들인 '균형 잡힌 자유주의'를 모색하기 시작합니다.

※ 앞 Chapter에서 소개한 키워드는 간단하게만 짚고 넘어갑니다.

7-1
권력의 원리
－'권력'은 '누군가'가 아니라 사회 체제가 소유한다－

KEYWORD

❶ 권력
power

타인을 지배하여 복종하게 하는 힘.

➡ 원래는 지배자가 '죽음'을 이용해 위협함으로써 권력을 행사했다.

❷ 생권력(生權力)
biopouvoir(프랑스어)

사람들을 살게 만드는 방식을 통해 사람들이 따르게 하여 관리하는 힘.

➡ 20세기 프랑스 철학자 푸코가 제창한 개념. 근대의 숨겨진 권력 구조를 폭로했다.

❸ 〈제국〉
empire

글로벌리즘과 관리사회의 발전으로 등장한 새로운 실체 없는 권력

➡ 20세기 이탈리아의 철학자 네그리와 그의 제자 하트가 제창한 개념. 특정 통치자가 무력으로 지배하는 일반적인 의미의 제국과 구별되는 새로운 〈제국〉이 민주주의를 위기로 몰아넣는다고 주장한다.

KEYPERSON

① 푸코
Michel Foucault(1926~1984)

프랑스의 철학자. 권력의 구조를 규명하는 '지식의 고고학'을 주창했다.

② 네그리
Antonio Negri(1933~)

이탈리아의 철학자이자 정치사상가. 제자 하트와 함께 〈제국〉·멀티튜드를 제창했다.

③ 하트
Michael Hardt(1960~)

미국의 철학자. 네그리의 제자이다. 〈제국〉·멀티튜드를 제창했다.

7-2
자유의 원리
-'자유'란 제약에서 벗어나는 것-

KEYWORD

❹ 자유
liberty / freedom

제약에서 벗어나는 것 또는 제약이 없는 것.

➡ 자유의 의미는 다양하게 해석되고 있으나, 적어도 '무슨 짓을 해도 괜찮다'라는 의미는 아님을 이해해야 한다.

❺ 제약
restriction

어떤 조건이나 틀을 두어 자유를 억누르는 것.

➡ '통제', '구속', '속박'은 정도의 차이는 있으나 모두 '자유'의 반대말로 쓰인다.

❻ 속박
restriction

어떤 제한을 두어 행동의 자유를 빼앗는 것.

➡ '제약'보다 구속력이 강하다.

❼ 인습
convention

예로부터 전하여 내려오는 생활이나 행사와 같은 습관.

➡ '풍습'과 달리 자유를 빼앗는 부정적인 의미로 쓰인다.

❽ 권리
right

어떤 무언가를 행사하거나 주장할 수 있는 자격.

➡ 권력은 타인에게 행사하는 힘이지만, 권리는 자신이 부여받은 힘을 말한다.

❾ 책임
responsibility

해야 할 임무나 대가.

➡ 타인의 비난을 받아들이는 것이 일반적인 원래의 뜻이나, 상당히 넓은 의미로 쓰인다.

❿ 의무
duty

사람으로서 마땅히 해야 할 일.

➡ '권리'의 반대말. 사람은 무언가를 할 수 있는 자격(권리)을 얻는 대신, 사회를 위해 해야 할 일(의무)을 수행해야 한다.

⓫ 시민혁명　　　　　　　　　　(→ Chapter 1)
시민계급이 낡은 국가 권력을 타도하고, 정치권력을 비롯하여 국가와 관련된 권리 및 자유와 평등을 쟁취한 혁명.

⓬ 자유주의　　　　　　　　　　(→ Chapter 8)
국가 규제를 가능한 한 배제하려는 사회 체제.

7-3 제약의 원리	7-4 균형의 원리
-지나친 자유는 과도한 제약을 부른다-	-'자유'와 '제약'의 균형을 지향하다-

KEYWORD

⑬ 욕망

desire

부족함을 느끼고 이를 충족하고자 간절히 바라는 것.
➡ 일반적으로 '욕구'는 생리적 차원, '욕망'은 사회적 차원으로 구분하여 사용한다.

⑭ 서사(이야기)   (→ Chapter 1·3·5)

인간의 삶의 방식과 사회의 모습.

⑮ 국민국가주의(국민국가)   (→ Chapter 1·2·5)

국민을 하나로 결속시켜 성립하는 국가로, 국민의 충성심과 소속감을 고취하는 국가정책.

⑯ 민주주의

democracy

민중이 민중을 지배하는 사회체제.
➡ '법치주의', '의회민주제', '자유와 평등 보장' 등을 현대 민주주의 특징으로 본다.

⑰ 전체주의

totalitarianism

개인보다 전체의 이익을 우선시하는 입장.
➡ 제1차 세계대전 이후 이탈리아에서 탄생한 파시즘(강제적인 일당 독재 정치)의 중심사상.

KEYWORD

⑱ 신자유주의   (→ Chapter 6)

국가의 시장 개입을 최대한 배제한 경제활동을 존중하는 입장.
➡ 신자유주의(네오 리버럴리즘)와 달리, 공공복지를 중시하는 '뉴 리버럴리즘'도 존재하므로 주의해야 한다. 뉴 리버럴리즘은 '사회자유주의', '소셜 리버럴리즘'이라고도 한다.

⑲ 자유지상주의(리버테리어니즘)

libertarianism

궁극적으로 개인의 자유를 존중하는 자유주의.
➡ 20세기 후반 미국을 중심으로 주장된 입장. 신자유주의보다 넓은 범위에서 국가의 개입을 배제한다.

⑳ 공동체주의

communitarianism

개인보다 공동체의 이익과 유지를 우선시하는 입장.
➡ 자유지상주의와 함께 20세기 후반 미국을 중심으로 주창된 이념. 지나친 자유주의에 대한 반발로 주목을 받았다.

㉑ 게젤샤프트
gesellschaft(독일어)
국가나 사회와 같은 이익사회.
➡ 19세기 독일 사회학자 퇴니스가 제시한 사회의 한 유형이다. 특정 목적이나 이익으로 형성된 이익사회(게젤샤프트)에 대비되는 사회 유형으로서 공동사회(게마인샤프트)를 제창했다.

㉒ 게마인샤프트
gemeinschaft(독일어)
촌락이나 가족과 같은 공동사회.
➡ 게젤샤프트와 마찬가지로 퇴니스가 제시한 사회의 한 유형. 가장 근본적이고 자연스럽게 형성된다.

㉓ 리먼 사태   (→ Chapter 6)
미국의 대형 투자은행 리먼 브러더스의 파산으로 촉발된 국제적 금융위기.

㉔ IT 혁명
information technology revolution
컴퓨터와 인터넷 보급에 따른 급격한 사회 변화.
➡ 1990년대부터 시작되어 사회 체계를 비롯하여 인간관계에 이르기까지 큰 변혁을 가져왔다.

㉕ 인터넷
internet
통신회선을 통해 세계 각국의 컴퓨터가 연결된 통신망.
➡ 국가, 지역, 인종, 나이, 지위 등 모든 장벽을 뛰어넘는 새로운 연결고리를 만들어냈다.

㉖ SNS(소셜 네트워크 서비스)
social networking service
인터넷을 통해 인적 소통망을 만들어 가는 회원제 서비스.
➡ 이름이나 열람 내역이 명시되는 등 일반적인 인터넷의 익명성을 최대한 배제한다.

㉗ 시위
demonstration
자신의 요구나 주장을 세상에 호소하는 집단행동.
➡ 인터넷 보급으로 시위 참가를 촉구하는 목소리가 대규모 시위로 이어져 국가를 무너뜨릴 정도의 위력을 갖게 되었다. 멀티튜드가 가진 힘 중의 하나이다.

㉘ 테러
terrorism
정치적 목적을 위해 폭력을 이용해 협박하거나, 자기의 의지를 관철하는 행위.

㉙ 멀티튜드
multitude
세계화 시대의 새로운 민주주의 모델.
➡ 20세기 이탈리아 철학자 네그리와 그의 제자 하트가 제창한 개념. 다양성을 가진 사람들이 국경을 뛰어넘은 네트워크를 통해 〈제국〉과 같은 거대한 권력을 부수고자 했다. '아랍의 봄'이 대표적인 사례이다.

㉚ 아랍의 봄
Arab Spring
21세기 아랍 국가에서 발생한 시위로 인한 독재 국가 체제의 붕괴 현상을 가리키는 표현.

㉛ 공통선

common good

집단에 이롭다고 여겨지는 것.

➡ 21세기 철학자 마이클 샌델이 주창한 공동체주의의 핵심 개념. 자유주의에 대항하는 개념으로 다시 한번 주목받았다.

㉜ 환경윤리

environmental ethics

환경과 생태계에 대해 인간이 지켜야 할 도덕.

➡ 자유주의에 제약을 가하는 새로운 개념이자, 환경 보호를 위해 살아가자는 새로운 '거대서사'가 될 법 한 잠재력을 가지고 있다.

㉝ 거대서사   (→ Chapter 1)

전 세계적으로 통용되는 사람과 사회가 나아가야 할 서사.

㉞ 에고이즘

egoism

자신의 이익 위주로 생각하는 사고방식. 이기주의.

➡ 철학의 '독아론(獨我論, 확실하게 존재하는 것은 자아뿐이라는 사고방식)'도 에고이즘으로 본다.

KEYPERSON

④ 마이클 샌델

Michael J. Sandel(1953~)

미국의 철학자. 공동체주의를 주창했다.

8

Chapter

일본

Japan

'정체성'으로 바라본 일본은 어떤 모습일까?

제8장에서는 에도 시대부터 일본의 '정체성'이 어떻게 변모해 왔는지 추적합니다. '정체성'을 중심으로 시대의 흐름을 살펴보며, 그 속에 담긴 흥미진진한 서사를 배웁니다.

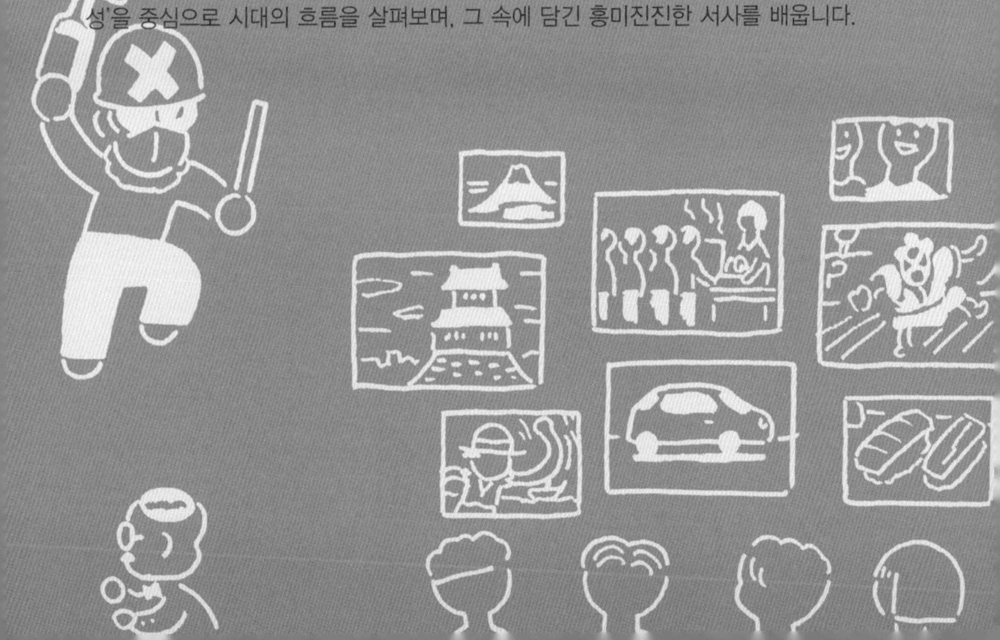

교양을 쌓자
ENRICH YOUR EDUCATION

🔍 주요 키워드

☑ 에도 시대	☑ 신분제	☑ 내적 자기	☑ 외적 자기
☑ 근대화	☑ 표준어	☑ 화혼양재	☑ 무사도
☑ 혼네	☑ 다테마에	☑ 제국주의	☑ 안보투쟁
☑ 학생운동	☑ 버블경제	☑ 유토리 교육	☑ 개인주의
☑ 세간	☑ 기즈나		

 **8-1** # 에도 시대
−에도 시대의 사회 구조가 재조명되다−

먼저 에도 시대❶의 사회 구조와 그에 기반한 정체성을 탐색해 봅시다. 아주 최근까지 '에도 시대는 엄격한 신분제❷ 사회'로 알려져 왔습니다.

❶ 에도 시대의 신분 고정 구조

과거, 에도 시대는 '사농공상❸'이라는 신분 서열 제도가 있었고, 사람들은 그 신분제도에 따라 생활했다고 여겼습니다. 이것이 상식이었지만, 최근 연구에 따르면 에도 시대에는 사실 신분 서열이 존재하지 않았다고 합니다. 지배계급이었던 무사는 신분이 높았을지 모르나, 그 외 사람들의 신분 차이는 거의 없었다고 합니다.

과거의 연구에서는…

신분에는 상하 관계가 존재하며, 신분이 낮은 사람은 신분이 높은 사람에게 복종했다고 생각했다.

최근 연구에서는…

무사는 지배계급이었기 때문에 신분이 높았지만, 그 외 사람들은 번화한 마을에 거주하는 주민[町民]과 시골에 사는 촌민(村民)이라는 형태로 신분 차이는 거의 없었다고 한다.

그렇다면 에도 시대의 신분은 어떻게 고정되었을까요? 에도 시대의 신분은 직업보다는 출신지에 따라 고정되었습니다. 번(藩)*, 마을[町]④, 농촌⑤으로 사람들을 구분하고 신분을 고정하여 인구의 도시 집중을 억제하려 했지요.

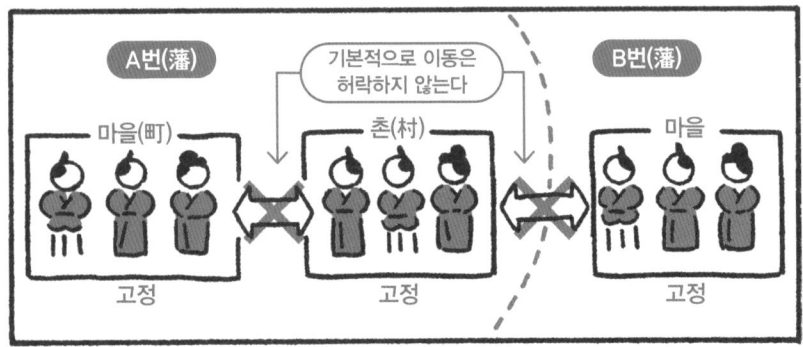

신분을 출신지로 고정하고 '○○번 △△마을 주민 ××씨'라고 함으로써,
영지 주민을 관리하고 파악할 수 있었다.

마을·농촌 모두 다양한 일자리가 촘촘하게 마련되어 있어, 지역마다 일거리가 떨어지는 일 없이 일자리 나누기(워크셰어링)⑥가 이루어졌습니다. 사람들은 각자의 고향에서 일을 할 수 있었으므로 다른 지역으로 이주할 필요가 없었지요.

마을 안에는 각종 일거리가 있고, 농촌에서는 모두가 협동하는 다양한 역할이 있어
일거리가 없어 고생하는 일은 적었다.

● 　번(藩): 일본의 다이묘(지역 영주)가 지배한 영역과 그 지배기구를 의미하며, 다이묘는 이 지역에서 군사적·정치적 권한을 가졌다. —역주

② 에도 시대의 정체성

일본은 에도 시대에 이르기까지 정체성 **7**을 형성할 수 있는 기반이 없었다고 알려졌지만, 최근에는 이를 반박하는 주장이 나오고 있습니다. 그렇다면 에도 시대까지 국민국가 의식이 없었던 일본에서, 정체성은 어떻게 형성되었을까요? 에도 시대의 정체성은 출신지에 대한 소속감과 노동에 대한 직업의식을 통해 형성되었습니다.

[정체성 모델의 차이]

서양 근대의 모델

나답게 살자!!

'나다움'의 모델은
· 국가가 요구하는 국민다움
· 민족이 지향하는 ○○인다움

➡ 국민국가 **6**의 이데올로기 **9**가 정체성 모델
(에도 시대의 일본에는 이런 모델은 존재하지 않는다!!)

에도 시대의 일본 모델

나답게 살자!!

'나다움'의 모델은
· 각 지역에서 요구하는 그 지역민다움
· 직업이 추구하는 장인정신

➡ 신분과 직업에 입각한 정체성

당시 사람들은 기본적으로 태어나고 자란 고향을 떠나 살 수 없었습니다. 특히 장남은 가업을 물려받아야 했으므로 거주지를 바꿀 수 없었죠. 더욱이 에도 시대 사람은 상대를 출신지로 판단했습니다. 이러한 상황에서 정체성을 추구한다면, 출신지에 걸맞은 자신을 지향하면 그만이었습니다.

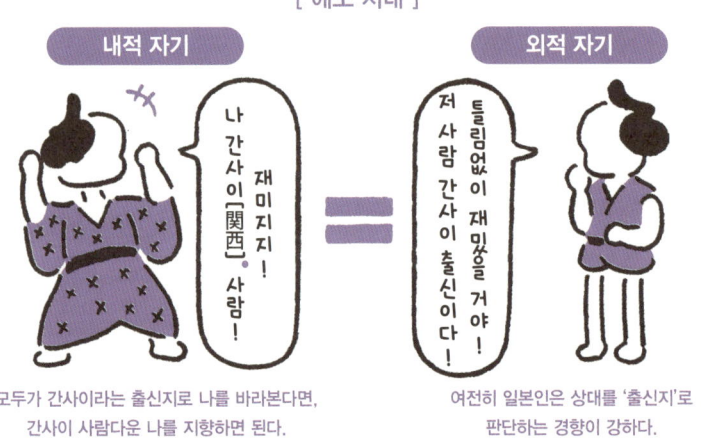

[현대]

내적 자기(내가 보는 나)   외적 자기(타인이 보는 나)

나 좀 쿨하지?   너 참 재밌구나!

'내가 보는 나'처럼 타인도 나를 본다고 장담할 순 없다.
그래서 인간은 **내적 자아** 10 와 **외적 자아** 11 의 불일치로 괴로워한다.

[에도 시대]

내적 자기   외적 자기

나 간사이[関西] 사람! 재미지지!   틀림없이 재밌을 거야! 저 사람 간사이 출신이다!

모두가 간사이라는 출신지로 나를 바라본다면,   여전히 일본인은 상대를 '출신지'로
간사이 사람다운 나를 지향하면 된다.   판단하는 경향이 강하다.

외적 자기(출신지·신분)에 맞추어 내적 자기(출신지다움·신분에 어울리는 자기)를
지향하면 외적 자기와 내적 자기가 일치하기 때문에 고민할 필요가 없다.

당시 사람들은 기본적으로 직업도 바꿀 수 없었습니다. 더욱이 장남은 가업을 이어가야 했으므로 직업을 바꾸지 못했죠. 더욱이 에도 사람들은 상대를 직업으로 판단했습니다. 이러한 환경에서 정체성을 추구해야 한다면 그 직업에 걸맞은 자신을 추구하면 되었습니다.

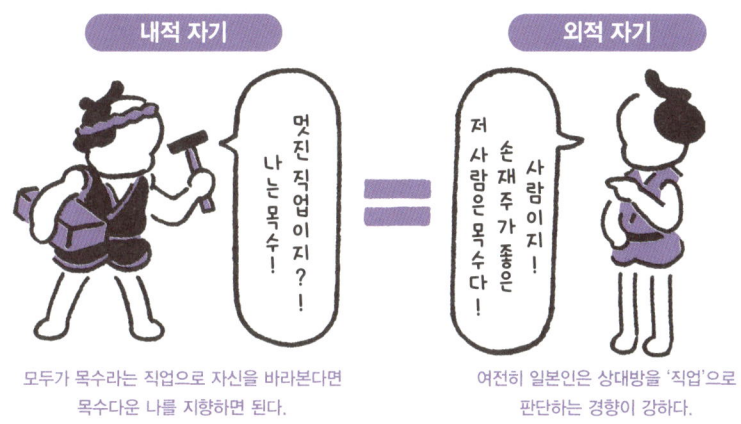

내적 자기

멋진 직업이지?! 나 는 목수!

외적 자기

저 사람은 목수다! 손 재주가 좋은 사람이지!

모두가 목수라는 직업으로 자신을 바라본다면
목수다운 나를 지향하면 된다.

여전히 일본인은 상대방을 '직업'으로
판단하는 경향이 강하다.

외적 자기(직업)에 맞춘 내적 자기(직업성·직업에 어울리는 성격)를 추구하면
내적 자기와 외적 자기가 일치하기 때문에 고민할 필요가 없다.

그렇다고 인구 이동이나 신분 이동이 전혀 없었던 것은 아니었습니다. 직업의 고착화도 완만하게 이루어졌으며, 직업에 구애받지 않는 오늘날의 프리터 ⑫ 도 허용했습니다. 이처럼 에도 시대는 무궁무진한 다양성을 폭넓게 받아들인 사회였습니다.

● 　관서(関西): 일본을 서부와 동부로 구분하여 서부에 위치한 지역을 말한다. 주요 도시로는 오사카, 교토, 고베, 나라가 있다. −역주

메이지 시대

−메이지라는 시대가 재평가되다−

다음으로 메이지 시대의 사회 체계와 그에 기반한 정체성의 실체를 파헤쳐봅시다. 메이지의 근대화⑬는 일본인에게 국민 정체성을 요구하게 됩니다.

① 새로운 정체성의 향방

서양 국가들이 일본에 진출함으로써 일본은 유럽화의 길을 걷게 됩니다. 일본도 국민국가주의 대열에 합류하려 했던 것이죠.

19세기에는, 프랑스를 필두로 국민에게 국가에 대한 소속감과 국민의 사기를 높이는 국민국가주의 정책이 퍼진다.

일본도 서양을 모델로 국민국가를 목표로 삼고자 한다.

국민국가를 수립하고 일본인에게 국민 의식이 싹트면서 일본에 새로운 정체성의 향방이 결정됩니다. 바로 '일본인다움'입니다.

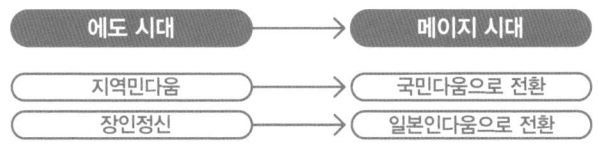

정체성 모델(모방 대상)이 서양처럼 국민국가의 이데올로기가 된다.

② 혼네와 다테마에의 분리

일본은 서양의 사회 체제와 과학기술을 발 빠르게 도입하여 유럽화한 사회를 구축하려 합니다. 그러나 국민의 내면은 여전히 지역민으로 남아 있었지요. 그래서 말과 태도를 공적인 자리와 사적인 자리로 구분하여 사용하게 됩니다. 바로 **혼네**와 **다테마에**⑱의 분리입니다.

이와 같은 공사 구분은 오늘날에도 필요한 자질이라고 할 수 있습니다.

③ 자아의 고뇌

일본은 메이지 시대에 서양의 사회 체제와 과학기술뿐 아니라 정신 ⑳ 적 사상도 들여옵니다. 그중에는 뒤에 등장하는 '근대적 자아 ㉑'라는 사상도 포함됩니다.

[근대적 자아]

어떠한 상황에서도 흔들리지 않는
'본연의 자신'을 소중히 여기라!!

나의 정신이 나의 몸과 나의 환경을
마음먹은 대로 움직인다!!

근대적 자아 사상은, 인간이 자연과 환경,
사람들을 마음대로 통제하려는 생각으로 이어진다.

정 반대

[에도 시대의 자아 인식]

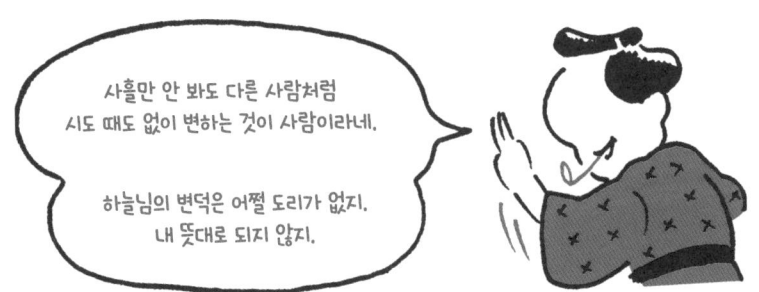

사흘만 안 봐도 다른 사람처럼
시도 때도 없이 변하는 것이 사람이라네.

하늘님의 변덕은 어쩔 도리가 없지.
내 뜻대로 되지 않지.

자연의 위협과 시간의 권력 ㉒ 에 휘둘리면서도 꿋꿋하게 살아온
서민들이 일구어낸 자아정체성이라 할 수 있다.

근대적 자아는 현실에서는 실현 불가능한 이상론입니다. 그러나 메이지 시대 사람들은 이 상론에 불과한 자아상을 옳다고 굳게 믿고 추종하고 말지요. 그 결과 메이지 시대의 지식 인들은 자아정체성에 대해 고뇌합니다.

서양을 새로운 모델(모방 대상)로 삼은 일본 지식인들은 이 자아상을 추종하고 만다.

메이지 시대의 지식인들은 서양인이 설파한 근대적 자아를 실현하지 못하고 고뇌한다.

에도 시대부터 메이지 시대에 걸쳐 정체성이 급격하게 변모하면서 사람들은 혼란을 겪게 됩니다. 일본의 정체성은 패전 후 더욱 큰 변화를 맞이하게 됩니다.

8-3 패전 후 일본
−현재의 일본을 새롭게 들여다보다−

끝으로 패전 후부터 오늘에 이르기까지 국가로서의 정체성을 살펴봅시다.

① 패전 후 사상

제2차 세계대전 후 서양에서 흡수한 국민국가주의 사상이 오히려 서양으로부터 군국주의 ㉓ 사상이라고 부정당하자 일본은 나아가야 할 길을 잃게 됩니다.

유럽화 정책 속에서 일본은 서양을 본떠 국민국가주의를 채택한다.

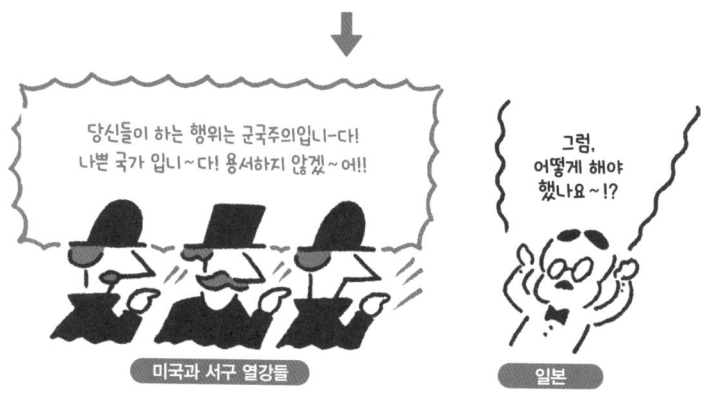

국민국가주의 모델(모방 국가)이었던 미국과 서구열강으로부터 군국주의로 취급당하고 적국이 되었다.
➡ 패전 후 일본의 정체성은 완전히 부정당하였고 나아가야 할 방향을 잃는다.

'일본다움'을 상실한 일본은 국가로서의 정체성을 잃고 방황합니다.

패전 후 일본은 시대와 상황에 맞물린 다양한 사상과 의견이 혼재한 가운데 방황을 거듭한다.

② 동일본대지진

서양의 개인주의⑱가 팽배하던 일본 사회에서, '세간(世間)⑲'과의 유대는 구시대적 사고로 치부되었습니다. 하지만 사람들과의 유대는 동일본대지진으로 '기즈나[絆]⑳'라는 이름으로 재조명됩니다.

[동일본대지진 전(2000년대)]

패전 후 60년이 지나고 '개인주의의 끝판'이라는 말처럼 개인의 이익을 우선시하는 풍조가 만연한다.

[동일본대지진 후 (2011년~)]

재난을 통해 사람과 사람 사이의 유대와,
사람과 지역 사이의 결속력이 얼마나 중요한지 새롭게 깨닫게 된다.

동일본대지진은 일본을 바라보는 세계인의 평가로도 이어졌습니다. 일본 문화가 점점 전 세계의 주목을 받게 된 것이죠.

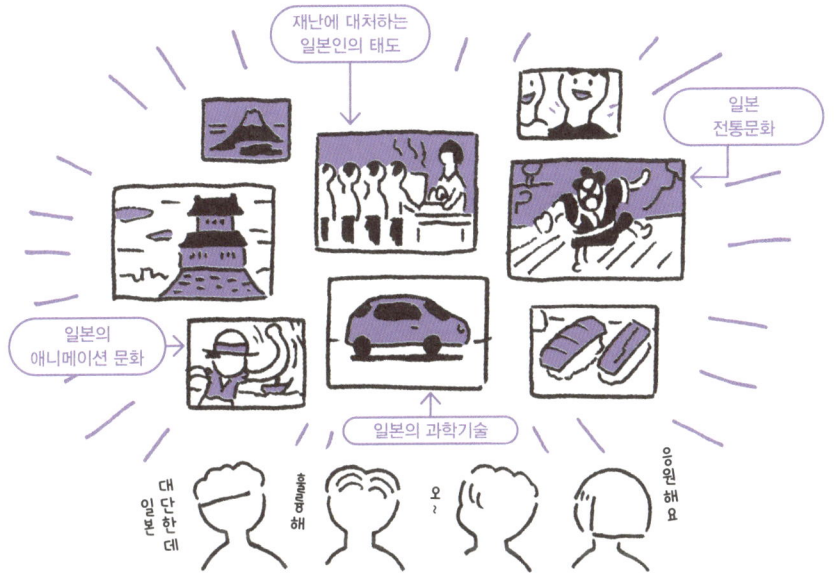

동일본 대지진의 충격적인 영상과 더불어 일본이라는 나라에 대한 관심이 커지면서
재난에 대처하는 일본인의 자세와 문화가 새로운 차원에서 세계인의 평가 대상이 되었다.
일본인의 잃어버린 자부심을 되찾는 원동력이 되었다.

이 새로운 일본 문화가, 패전 후 일본이 잃어버린 새로운 정체성이 될 수 있을지 미래의 일본에 귀추가 주목되고 있습니다.

핵심 용어와 핵심 인물을 알아보자
KEYWORD & KEYPERSON

에도 시대에는 고정된 직업과 출신지에 따라 정체성을 형성했지만, 메이지 시대에는 급격한 근대화의 영향을 받아 국민·근대인으로서의 정체성과 과거의 정체성 사이에서 갈등하게 됩니다. 패전 후 격동의 시대 속에서도 일본인의 정체성에 대한 고뇌는 계속됩니다. 동일본 대지진 후 현재는 새롭게 지역사회를 중심으로 하는 '기즈나[絆]'가 재평가되고 있습니다.

※ 앞 Chapter에서 소개한 키워드는 간단하게만 짚고 넘어갑니다.

8-1
에도 시대
−에도 시대의 사회 구조가 재조명되다−

KEYWORD

① 에도 시대 (→ Chapter 1)
(1603∼1867)
에도를 본거지로 도쿠가와 가문의 막부(쇼군의 본부)
가 개국한 시대.

② 신분제
class system
직업과 계급으로 사람들을 나누는 사회제도.
➡ 기본적으로 신분제라는 사회구조에는 엄격한 상
하관계가 존재하고 타고난 신분은 바꿀 수 없으며,
더욱이 자신보다 신분이 높은 존재에 대한 절대적인
복종이 요구된다.

③ 사농공상(士農工商)
에도 시대의 신분제도.
➡ 에도 시대의 주요 신분으로 무사·농민·장인·상
인의 줄임말이나, 최근 연구에 따르면 기본적으로
농·공·상의 상하관계는 존재하지 않았다고 한다.

④ 마을[町]
town
집과 상점이 많고, 인구가 밀집해 있는 곳.

⑤ 농촌
rural community
주민 대다수가 농업에 종사하는 곳.

⑥ 일자리 나누기(워크셰어링)
work sharing
1인당 일자리와 노동 시간을 공유하여 실업률을 낮
추는 제도.
➡ 오늘날에는 실업률을 낮추기 위한 개념 중 하나
이지만, 에도 시대의 소도시에서는 워크셰어링이 잘
작동했다.

⑦ 정체성(아이덴티티) (→ Chapter 2·5)
확고한 '나다움'을 가지고 나의 본질적 특성을 일관
되게 유지하는 것.

⑧ 국민국가 (→ Chapter 2·5·7)
'○○민족', '○○언어', '○○문화'를 바탕으로 국민
을 하나로 결속시켜 성립하는 국가. 국민의 충성심과
소속감을 고취하는 국가정책 아래 발전된 개념이다.

⑨ 이데올로기 (→ Chapter 1·2)
사회나 국가가 가진 이념이나 신념 체계.
➡ 의미가 너무 다양한 나머지 명확한 정의는 불가
능하나, 주로 정치사상이나 사회사상의 맥락에서 쓰
일 때가 많다.

일본 | Japan

⑩ 내적 자아

추구하고 싶은 자아, 또는 정신 측면에서의 자아.

➡ 일본에서는 특히, 자신을 '출신지의 사람'이나 '직업인'으로서 그에 부합하려는 경우가 많다. 이는 에도 시대부터 이어져 온 문화적 특성이기도 하다.

⑪ 외적 자아

타자가 바라보는 자아, 또는 사회적 측면에서의 자아.

➡ 특히 일본에서는 상대를 '출신지'나 '직업'으로 판단할 때가 많다.

⑫ 프리터

job-hopper

정규직으로 취직하지 않고 아르바이트로 생계를 유지하는 사람.

➡ 에도 시대에는 장남이 가업을 계승해야 했기 때문에, 직업 변경이나 거주지 이동이 허용되지 않았다. 그러나 차남이나 그 밖의 자녀들은 비교적 자유로웠다.

8-2
메이지 시대
-메이지라는 시대가 재평가되다-

KEYWORD

⑬ 근대화

modernization

서양 근대의 가치관인 합리주의나 자본주의, 국민국가주의, 과학 문명을 도입하는 것.

➡ 비문명국의 '문명화'나 메이지 시대 일본의 '유럽화'도 근대화와 동일시한다.

⑭ 민족 (→ Chapter 5)

공통의 조상, 신화, 언어, 생활양식을 공유하는 집단.

⑮ 표준어

standard language

한 나라의 교육·방송·행정 분야에서 사용하는 모범이 되는 언어.

➡ 일본에서는 메이지 시대에, 언어 통일 정책으로 도쿄 야마노테(山の手)*의 언어를 기반으로 선정되었으며, 공적인 자리에서는 표준어를 사용하도록 하였다.

• 야마노테(山の手): 도쿄 서부 사무라이 계급이 살던 마을 이름. -역주

❶❻ 화혼양재(和魂洋才) *
Japanese spirit with Western learning
일본 고유의 정신을 소중히 여기면서도 서양의 우수한 학문과 지식을 흡수하고 활용하는 사고방식.
➡ 극단적인 유럽화의 영향으로 일본이 쌓아온 정신까지 부정하게 되면, 국민에게 국가에 대한 소속감과 애국심을 심어주기 어려워진다. 그래서 유럽화는 어디까지나 기술적인 측면에 국한하고, 정신적 측면에서는 전통적인 사고방식을 그대로 유지하여 일본 민족의 정체성과 사회의 유럽화를 양립시키고자 했다.

❶❼ 무사도(武士道)
bushido
자기를 희생하여 주군을 섬기고, 용맹스럽게 싸우는 무사의 모습.
➡ 애초 에도 시대의 무사는 '주군에게 충성하는 용감무쌍한 무사'가 아니었다고 하나 그러했으리라 간주하며, 부국강병을 지향하는 메이지 시대의 일본인에게 에도 시대의 무사도를 요구했다. 따라서 무사도 사상은 메이지 시대에 강력하게 요구된 사상이라고 할 수 있다.

❶❽ 혼네[本音]·다테마에[建前] **
real intention / public stance
진심에서 우러나온 말이 혼네이고, 겉치레로 하는 말이 다테마에이다.
➡ 국가가 요구하는 '일본인'으로서의 개인은 현실 속 '지역민'으로서의 개인과는 거리가 멀었다. 그래서 공적인 자리에서는 표준어를 사용하며 국가가 요구하는 일본인다운 태도를 취하는 반면, 사적 자리에서는 고향 사투리를 사용하며 본심을 이야기하게 되었다.

❶❾ 관습
customs and manners
한 지역이나 사회에서 오래전부터 전해 내려오는 생활 방식이나 풍습.

❷❶ 정신 (→ Chapter 2·5)
인식하거나 사고하는 마음의 영역.

❷❶ 근대적 자아 (→ Chapter 2)
집단에 의해 조정당해도 흔들리지 않는 고유한 개인으로서 결정하고 행동하는 이상적 자아.

❷❷ 권력 (→ Chapter 7)
타인을 지배하여 복종하게 하는 힘.

• 　한자 뜻을 그대로 옮기면, '일본의 혼과 서양의 기술'이다.
•• 　한자 뜻을 살펴보면, 혼네[本音]는 '본래 목소리'를 뜻하고, 다테마에[建前]는 '앞에 내세운 것'을 뜻한다.

8-3
패전 후 일본
-현재의 일본을 새롭게 들여다보다-

KEYWORD

㉓ 군국주의
militarism
군사력 강화를 국가의 최우선 과제로 삼는 입장.
➡ 자국을 군국주의라고 공언하는 국가는 없으므로, 군국주의라는 말은 적국을 악마화하기 위해 사용하는 경우가 많다.

㉔ 안보투쟁 *
campaign against the Japan-U.S. security treaty
미일안전보장조약 개정 반대 운동.
➡ 1959~1960년에 일어난 운동이나, 일본이 주변국과의 관계가 악화할 때마다 유사시 일본과 미국의 대응에 대해 이 문제가 거론된다.

㉕ 학생운동
student movement
학생들이 주체가 되어 펼친 정치적 · 사회적 활동.
➡ 1960년대부터 1970년대에 걸쳐 일본의 대학을 중심으로 확산하였다. 패전 후 일본의 바람직한 모습을 학생들이 모색하여 투쟁하였으나, 결국 실패한 운동이라 할 수 있다.

㉖ 버블경제 (→ Chapter 1)
1990년 무렵 일본의 경제 상황을 가리키는 용어.
부동산이나 주가가 실제 가치보다 과도하게 부풀어 오르는(거품) 상황을 말한다.

㉗ 유토리 교육
1990년대부터 2000년대에 걸쳐 실시된, 강요하지 않는 자발적 학습을 권장하는 교육.
➡ 1980년대까지의 암기 위주의 주입식 교육에 대한 반성으로 도입되었으나, 기대와는 달리 자발성과 사고력은 길러지지 않았고 심각한 학력 저하를 초래했다. 2010년대부터 탈 유토리 교육으로 전환되었다.

㉘ 개인주의
individualism
집단 구성원 한 사람 한 사람을 독립된 개인으로서 존중하는 입장.
➡ 원래 개인주의란, 국민 한 사람 한 사람을 국가의 종속물로 취급하는 것이 아니라 독립한 개인으로 인정하는 것을 의미한다. 특히 일본에서는 사회나 집단의 이익보다 개인의 이익을 우선시하는 입장으로 인식하는 경향이 강하다.

㉙ 세간 (→ Chapter 5)
사람들 인간관계 안의 사회.

• 일본에서 1960년과 1970년, 두 차례에 걸쳐 미일안전보장조약의 철폐를 요구하며 일어난 대규모 시위운동이다. 미일안전보장조약에 반대해서 일본사회당 등 야당과 학생, 노동자 등이 벌였는데, 미국 주도의 냉전 체제에 편입되어 재무장하는 것에 반대하는 반미·반전 운동의 성격을 지닌다.

㉚ 기즈나[絆] *

bond

이해관계를 넘어선, 사람과 사람 사이의 끈끈한 결속력.

➡ 2011년 동일본대지진으로 전기 및 유통 등이 마비된 상황에 처하면서, 가까운 사람들과의 유대가 얼마나 중요한지 다시금 깨닫게 되었다. 이 경험을 통해에도 시대부터 계승된 지역과의 연대나 사람들과의 유대를 중시하는 일본인의 정체성이 새롭게 주목받고 있다. 타인에 대한 배려심도 이러한 일본인의 정체성과 깊은 관련이 있다고 볼 수 있다.

- '기즈나'를 뜻하는 한자 '반(絆)'은 본래 '(연결된) 줄'을 가리킨다.

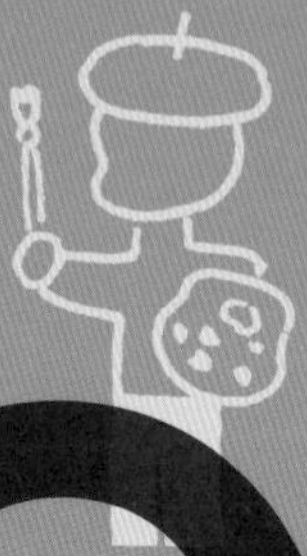

9

Chapter

예술

Art

'시대의 흐름' 속에서 예술을 바라보면 무엇이 보일까?

제9장에서는 '일본 근대 문학', '서양 미술', '서양 음악'의 변천사를 추적해 봅니다. 아울러 반동을 거듭하는 예술의 역사 속에서 널리 퍼졌다가 사라진 다양한 예술적 입장을 간결하게 짚어봅니다.

교양을 쌓자
ENRICH YOUR EDUCATION

🔍 주요 키워드

☑ 사실주의   ☑ 언문일치   ☑ 의고전주의   ☑ 낭만주의

☑ 자연주의   ☑ 반자연주의   ☑ 여유파   ☑ 탐미파

☑ 시라카바파   ☑ 신현실주의   ☑ 고전주의   ☑ 바로크

☑ 로코코   ☑ 낭만주의   ☑ 상징주의   ☑ 인상주의

☑ 입체주의   ☑ 다다이즘   ☑ 클래식   ☑ 낭만파 음악

 **9-1**

일본 근대 문학의 발자취

−근대화 물결이 문학에 영향을 미치다−

먼저 일본 근대 문학의 사상적 발자취를 따라가 봅니다. 이 책에서는 많은 문인이나 다양한 문학작품을 다루지는 않지만, 근대 문학의 발판이 되는 과정을 이해하기에는 이 정도면 충분합니다.

① 서양 사상과 일본 사상

메이지 시대부터 서양 사상을 적극적으로 흡수한 일본 문학은 서양 문화의 영향을 받고 빠르게 변모해 갑니다.

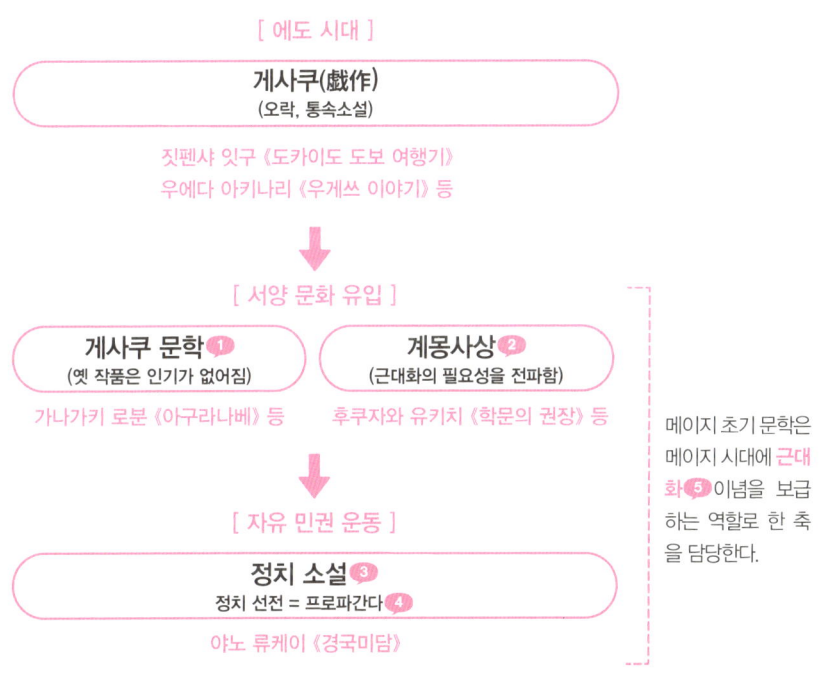

[에도 시대]

게사쿠(戯作)
(오락, 통속소설)

짓펜샤 잇구 《도카이도 도보 여행기》
우에다 아키나리 《우게쓰 이야기》 등

[서양 문화 유입]

게사쿠 문학 ❶
(옛 작품은 인기가 없어짐)

가나가키 로분 《아구라나베》 등

계몽사상 ❷
(근대화의 필요성을 전파함)

후쿠자와 유키치 《학문의 권장》 등

[자유 민권 운동]

정치 소설 ❸
정치 선전 = 프로파간다 ❹

야노 류케이 《경국미담》

메이지 초기 문학은 메이지 시대에 근대화 ❺ 이념을 보급하는 역할로 한 축을 담당한다.

근대 문학은 쓰보우치 쇼요와 후타바테이 시메이에 의해 뿌리를 내리게 됩니다.

이 두 사람의 등장으로 메이지 근대 소설은 사실주의 **6** 와 언문일치 **7** 의 형식으로 시작한다.

한편, 급격한 유럽화에 대한 반동으로 사회를 비롯하여 예술 분야에서도 옛 일본으로 회귀하자는 바람이 붑니다. 바로 복고주의 **8** 입니다. 문학에서는 의고전주의 **9** 가 복고주의에 해당합니다.

[의고전주의]

메이지 15년 전후, 급격한 유럽화에 반발하여 사람들 사이에서는 옛 전통 **10** 을 소중히 여겨야 한다는 의식이 싹트기 시작합니다.

더욱이 국민국가주의 정책과 맞물려 의고전주의 활동이 전개된다.
오자키 고요 《금색야차》*
고다 로한 《오층탑》

• 　우리나라에서는 《장한몽》이라는 제목의 번안 소설로 재구성되어 널리 읽혔다.

② 자연주의에서 반자연주의로

복고주의를 유지하면서도 유럽화는 척척 진행되었고 서양에서 유입된 근대적 자아⑪의 영향을 받아 낭만주의⑫ 문학이 등장합니다.

[낭만주의]

근대화 이전 지역 사회로 성립된 일본

으, 으…

관습

세간

가족

구속

온갖 족쇄가 자신을 옭아맨다

근대적 자아 사상을 접한 지식인

세상 어떤 것에도 얽매이지 않고
자유롭게 살겠어!!

흔들리지 않는 확고한 근대적 자아를 이상으로 삼는 낭만주의가 출현한다.
모리 오가이 《무희》, 히구치 이치요 《키재기》, 이즈미 쿄카 《고야산 스님》

그리고 낭만주의의 비현실적 이상주의 문학관에 대한 반작용으로, 현실을 적나라하게 들춰내어 이야기하고자 한 **자연주의 ⑬** 문학이 유행합니다.

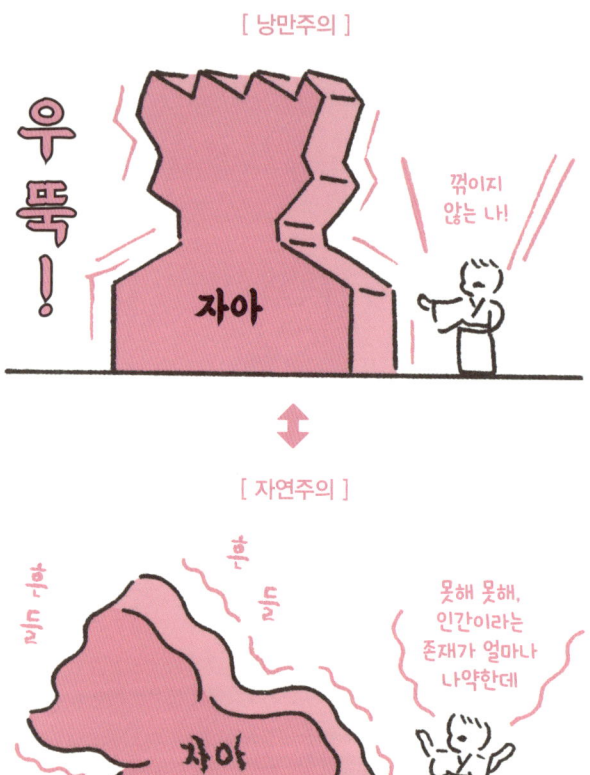

현실을 있는 그대로 솔직하게 그려내고자 한 자연주의 문학은 이상을 표방하는 낭만주의에 반하는 문학이었다.
시마자키 도손《파계》, 다야마 가타이《이불》(사소설)*

---

* 사소설(私小說): 근대 일본 문학의 독특한 문학 양식으로, 작자가 자기 신변을 있는 그대로 묘사하면서 심경을 서술해 나가는 소설을 말한다. −역주

한편, 자연주의의 현실 노선에 반하는 **반자연주의⑭** 문학이 부상합니다.

[반자연주의]

[여유파⑮]

나쓰메 소세키 《도련님》, 모리 오가이 《청년》

[탐미파⑯]

나가이 가후 《프랑스 모노가타리》,
다니자키 준이치로 《치인(痴人)의 사랑》

[시라카바파⑰]

무샤노코지 사네아쓰 《우정》,
시가 나오야 《암야행로》

[신현실주의⑱]

아쿠타가와 류노스케 《라쇼몬》,
야마모토 유조 《길가의 돌》

자연주의 문학 풍조는 한편으로 인간이 처한 잔혹한 현실에 대한 '체념'으로 볼 수 있다.
이에 저항하는 형식으로 다양한 문학이 탄생한다.

이처럼 일본 근대문학은 근대 서양 예술 사상으로부터 지대한 영향을 받았습니다. 그렇다면 일본 문학에 영향을 주었던 근대 서양 예술에는 어떤 것들이 있을까요? 이제, 그 발자취를 따라가 보겠습니다.

9-2 서양 미술사의 발자취

－시대에 발맞춰, 추구하는 아름다움도 변모한다－

다음에는 서양 미술사의 조류를 따라갑니다. 각 시대의 예술 사조를 이해한다는 생각으로 읽어 나갑시다.

❶ 르네상스 예술

서양의 역사적 전환을 상징하는 르네상스 ⑲ 에는 세 가지 특징이 있습니다.
'인간 중심주의', '고전주의 ⑳', '기술혁신'입니다.

[인간중심주의]　　　　[고전주의]　　　　[기술혁신]

균형 ·조화·대칭(시머트리) ㉑ 을　　　　원근법 ㉒
특징으로 한다

신에게 예속된 중세 사회에서 비기독교 사회를 재조명함으로써,
'인간'이라는 존재에 가치를 부여한 문화 혁신 운동이 르네상스이다.
➡ 르네상스 3대 거장
레오나르도 다 빈치, 미켈란젤로, 라파엘로

② 근세 예술

16~18세기의 근세 예술은 '바로크 **23**', '로코코 **24**', '신고전주의 **25**'로 이어집니다. 다음 에는 근세 예술의 흐름과 의의를 살펴봅니다.

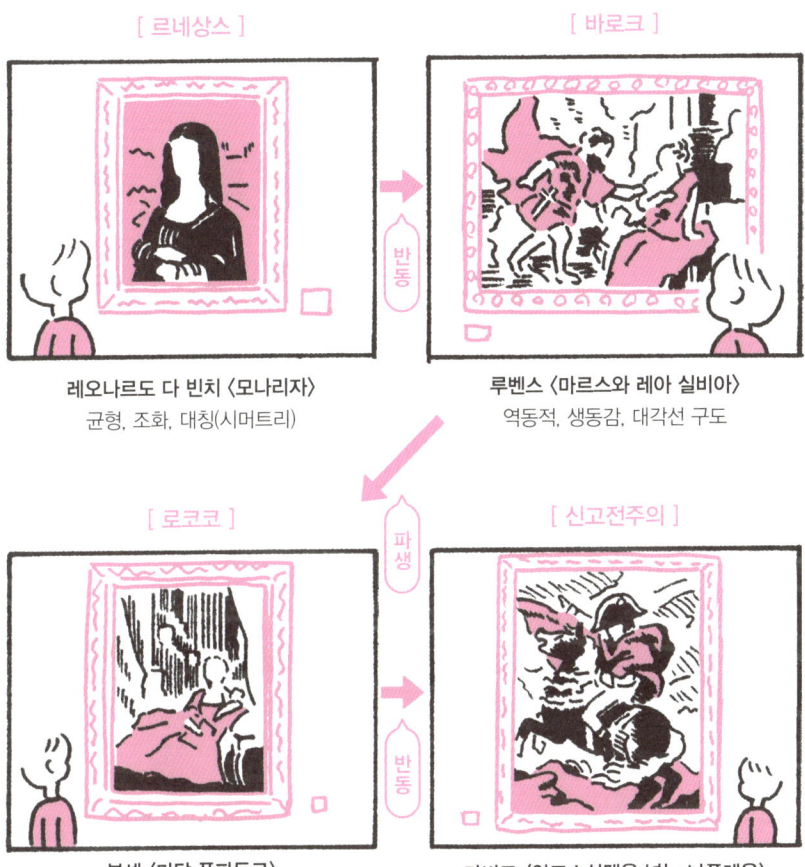

[르네상스]

레오나르도 다 빈치 〈모나리자〉
균형, 조화, 대칭(시머트리)

반동

[바로크]

루벤스 〈마르스와 레아 실비아〉
역동적, 생동감, 대각선 구도

파생

[로코코]

부셰 〈마담 퐁파두르〉
화려함과 경쾌함, 우아함과 세련미,
루이 15세 시대

반동

[신고전주의]

다비드 〈알프스산맥을 넘는 나폴레옹〉
사실적, 이성적, 프랑스혁명

※ 미술사의 '바로크'와 '신고전주의'는 음악사에서 다루는 의의와 시기가 다르므로 주의합니다.

③ 근대 예술

19세기 근대 예술은 **낭만주의**㉖에서 시작합니다. 이 시기는 **시민혁명**㉗과 **산업혁명**㉘을 겪으면서 개인의 자유가 확장된 시기와 맞물립니다.

[시민혁명]

시민이 주인인 시대.

[낭만주의]

들라크루아 〈민중을 이끄는 자유의 여신〉
인간의 존엄성을 존중하고자 한 예술 사조.

시대의 소용돌이가 낭만주의를 잉태한 셈이다.

낭만주의 등장 이후, 근대 예술은 치열한 반동과 변화를 거듭합니다.

[낭만주의]　　　　　　[사실주의 ㉙ / 자연주의 ㉚]

낭만주의는 비현실적 이상론
이었기 때문에, 추구하려 해
도 도달할 수 없다.

쿠르베 〈파도〉　　　　**밀레 〈이삭줍기〉**

사실주의는 현실을 미화하지 않고, 사회의 불합리함과 빈곤,
전쟁, 원초적 자연 따위를 있는 그대로 화폭에 담아내고자 한
예술 사조이다. 자연주의는 장엄한 자연이나 농민 생활을 주
의 깊게 관찰하여 예술 대상으로 삼았다.

[상징주의 ㉛]　　　　[인상주의 ㉜ (인상파)]

클림트 〈키스〉

눈에 보이는 도구를 사용하여,
보이지 않는 내면의 감정, 정신,
영적 경험 따위를 표현한 그림
으로 몽환적이다.

모네 〈우산을 쓴 여인〉

눈에 비친 색채를 붓질로 한 겹
한 겹 쌓아 올렸기 때문에 윤곽
없이 흐릿하게 표현된다.

④ 현대 예술로

20세기 예술은 **모던 아트** ㉝ 라고 불리는 다채로운 예술 활동에서 시작하여, 현대의 대중
화된 예술로 옮겨갑니다.

[입체주의(큐비즘) ㉟]

피카소 〈파란 모자를
쓴 여인〉
삼차원의 세계를 이
차원의 평면에 재구
성한 작품.

＋

[아방가르드 ㉞]

예술의
틀을
깨자~

혁신
이다~

영향

20세기 전반 전위 예술을 말한다. 20세기 예술
의 대전환은 아방가르드에서부터 시작된다.

[다다이즘 ㊱]

제1차
세계대전의
충격

미래에 대한 공허함

과학기술
불신

기존의 모든
가치나 질서는
거부하겠어~

영향

뒤샹 〈샘〉
예술과 미학을 거부한 예술사조는, 의도적으로
아무 쓸모 없는 무의미함을 지향하고자 했다.

＋

[초현실주의(쉬르리얼리즘) ㊲]

'무의식'의
발견

이성
부정

현실을
뛰어넘는 현실을
그려내겠어~

영향

달리 〈기억의 고집〉
자신들이 목도하는 현실이 진짜 현실이 아닐지
도 모른다. 그 보이지 않는 진정한 실체를 그려
내고자 했다.

[팝 아트 **38**]

앤디 워홀 〈수프 캔〉
대중사회를 상징하는 요소라면 무엇이든 소재
로 삼아 예술로 승화시킨다.

[기술적 복제시대의 예술 작품 **39**]

복제로 넘쳐나는 대중사회에서는 작품이 가진
아우라 40 가 붕괴한다.

미술 이야기는 여기까지입니다. 이제부터는 음악 이야기로 넘어가겠습니다만, 음악은 같
은 용어 표현에서도 조금씩 차이가 있으니 헷갈리지 않도록 주의하세요.

 **9-3** **서양 음악사의 발자취**

―시대에 발맞춰 음악도 변모한다―

이제부터 서양 음악사의 궤적을 쫓아가 보지요. 다시 한번 강조하지만, 서양 근대 미술과 서양 근대 음악에서는 같은 용어 표현이라도 의미가 서로 다른 경우가 많으니 주의해야 합니다. 핵심 용어를 참고하면서 구별해서 읽어 나가도록 합시다.

① 근세 음악

음악사에서는 1600년경부터 바흐가 세상을 떠난 1750년까지를 기준으로 바로크 **41** 시대라고 합니다. 바로크란 원래 후세 사람들이 붙인 '일그러진 진주'라는 부정적인 의미를 지닌 단어입니다. 현란하고 지나치게 과장된 양식에 대한 거부감으로 붙인 이름이었지만, 후대에 이르러서는 오히려 극찬을 받게 되지요.

바흐가 세상을 떠난 1750년부터 베토벤이 사망한 1827년까지를 고전주의 시대로 봅니다. 물론 그 시대의 음악을 당대 사람들이 스스로 '고전'이라고 칭하진 않았죠. 후세 사람들이 당시 음악에 찬사를 보내면서 '고전'이라는 이름을 붙였습니다.

[바로크 음악 (before)]

음악은 교회나 궁중을 위해 존재했으며,
큰 무대에서 많은 사람이 연주하는 형태가 아니었다.
➡ **대표적인 작곡가**
바흐, 비발디

[고전파 음악 **42** (after)]

빠바바~바~암

18세기부터 빈을 중심으로 큰 공연장에서 **교향곡 43**을 선보이게 된다.
음악이 대중에게 널리 보급되는 계기가 되었다.
➡ **대표적인 작곡가**
하이든, 모차르트, 베토벤

② 근현대 음악

19세기부터 20세기에 걸쳐 음악도 낭만주의 시대에 돌입합니다. 이번에는 당시 음악가들이 자신들의 음악을 낭만주의라고 자칭합니다.

[낭만파 음악 44]

19세기 근대화와 시민사회에 부응하여 음악도 인간의 정신을 담아내고자 했다.

➡ **대표적인 작곡가**
쇼팽, 슈만, 드뷔시

현대의 음악은 완전히 대중 속으로 스며들어 하위문화(서브컬처) 45 가 주류문화(메인컬처) 46 로 변모해 가는 듯합니다.

[주류문화(고급 문화)]

클래식 음악, 전통적인 예술

[반문화(카운터컬처) 47]

록 48 , 포크송

[하위문화(대중문화)]

팝 49 , 애니메이션 음악

이상으로 예술에 관한 이야기를 끝맺으면서 이 책의 모든 이야기를 마칩니다.

여러 번 반복해서 읽어 보면서 지적 즐거움을 만끽하길 바랍니다. 앞으로 이 책이 '처음 접하는 글'이나 '예전에 읽으려다 포기한 책'을 읽을 때 이해의 폭을 넓히는 데 도움이 된다면 더할 나위 없이 기쁘겠습니다.

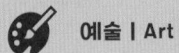

핵심 용어와 핵심 인물을 알아보자
KEYWORD & KEYPERSON

서양 예술에서는 귀족 중심의 '로코코' 예술에 대한 저항으로 민중이 주체가 되는 '낭만주의' 예술로, 또 그에 대한 반발로 '인상주의'가 성행하게 됩니다. 서양 음악을 보면 궁중음악인 '바로크 음악'에 대한 비판으로 대중음악인 '고전파'와 '낭만파' 음악이 주도하였고, 현대에 이르러서는 각양각색의 음악 문화가 형성됩니다.

※ 앞 Chapter에서 소개한 키워드는 간단하게만 짚고 넘어갑니다.

9-1
일본 근대 문학의 발자취
−근대화 물결이 문학에 영향을 미치다−

KEYWORD

❶ 게사쿠[戯作]문학
popular literature

에도 시대 후기에 유행한 대중 소설을 비롯한 읽을 거리의 총칭.

➡ 에도 시대와 메이지 초기의 소설은 한시나 와카[*] 보다 저속하다고 여겼다. 일본의 게사쿠 문학이 하나의 예술 장르로 격상된 시기는 사실주의가 등장하면서부터이다. 일본 문학에 사실주의가 등장하면서 게사쿠 문학은 하나의 예술 장르로 격상된다. 메이지 시대의 대표작으로는 가나가키 로분의 《아구라나베》가 있다.

❷ 계몽사상(메이지 시대 문학)
enlightenment

사람들에게 서양 근대화 사상을 심어주고 전파하려는 문화 운동.

➡ 대표작으로는 후쿠자와 유키치의 《학문의 권장》, 나카무라 마사나오의 《서국입지편》이 있다.

❸ 정치 소설
political fiction

메이지 초기 정치사상의 계몽과 보급을 목적으로 한 소설.

➡ 메이지 10년대의 자유민권운동(구 한바쓰정치[**]에 대항하여 민주정치를 요구하는 정치 운동)과 함께 태동하였다. 대표작으로는 야노 류케이의 《경국미담》, 도카이 산시의 《가인지기우》, 스에히로 뎃초의 《설중매》가 있다.

❹ 프로파간다(정치 선전)
propaganda

정치적 의도에 기반하여 많은 사람들을 움직이게 하는 선전.

❺ 근대화   (→ Chapter 8)

서양 근대의 가치관인 합리주의나 자본주의, 국민국가주의, 과학 문명을 도입하는 것.

❻ 사실주의(메이지 근대 문학)
realism

서민의 일상생활과 심리를 있는 그대로 그려내고자 한 문예 사조.

➡ 당시 정치 활동의 프로파간다(정치 선전)에 이용되었던 소설에 대한 반발로 영국과 러시아의 사실주의에 영향을 받고 등장했다. 얼마 후 일본 근대 문학의 방향성을 정립했다. 대표작으로는 쓰보우치 쇼요의 《소설 신수》, 《당세서생기질》, 후타바테이 시메이의 《소설 총론》, 《뜬구름》 등이 있다.

•   와카[和歌]: 31음절로 구성된 일본의 전통적인 정형시이다. −역주

••   메이지 시대에, 일본 정부와 군부 요직을 장악한 세력들이 다스리던 정치.

❼ 언문일치
colloquial style
글을 문어체가 아닌, 말할 때 쓰는 언어와 가까운 구어체로 표현하고자 한 것. 메이지 이후 언문일치 운동이 고조되었다.

❽ 복고주의
reactionism
과거의 체제와 상태가 현재보다 뛰어나다고 생각해 과거로 돌아가려는 태도.

❾ 의고전주의(메이지 근대 문학)
pseudo-classicism
에도 시대 이전의 고전 문학이나 문화로 회귀하려는 문학 운동.
➡ 1885년 오자키 고요나 야마다 비묘가 중심이 되어 결성한 문학 단체 겐유사에서 동인잡지 〈가라쿠타 분코〉를 발간하였다. 대표작으로는 오자키 고요의 《금색야차》, 고다 로한의 《풍류불》, 《오층탑》 등이 있다.

❿ 전통
tradition
지난 시대에 이미 있는 사상·관습·행동 따위를 현재로 계승하는 것.
➡ 메이지 일본에서는 급격한 서양화의 영향으로 옛 생활 습관이나 풍습이 사라져 가자, 이에 대한 반동으로 메이지 15년 전후부터 전통을 되살리려는 분위기가 빠르게 확산되었다. 더욱이 국민국가주의 정책 또한 사람들의 정통 의식에 불을 지폈다. 이는 복고주의나 의고전주의로 이어진다.

⓫ 근대적 자아 (→ Chapter 2·8)
집단에 의해 조정당해도 흔들리지 않는 고유한 개인으로서 결정하고 행동하는 이상적 자기.

⓬ 낭만주의(메이지 근대 문학)
romanticism
근대적 자아를 이상으로 삼는 문예 사조.
➡ 낭만주의는 한마디로 이상주의였으나, 근대 서양인에게는 로마인의 자유로운 자아(그래서 낭만주의라고 지칭한다.)가 이상이었던 반면, 근대 일본인에게는 근대 서양인의 확고한 근대적 자아가 이상이었다. 대표작으로는 모리 오가이의 《무희》, 히구치 이치요의 《키재기》, 《흐린 강》, 이즈미 교카의 《고야산 스님》 등이 있다.

⓭ 자연주의(메이지 근대 문학)
naturalism
인간의 추한 현실을 적나라하게 그려내고자 한 문예 사조.
➡ 대상의 객관적 묘사를 지향하는 서양의 자연주의와 다르게, 인간이나 자신의 추한 내면을 고백하는 입장을 강조한다. 주로 자신의 경험을 통하여 폭로하는 사소설의 형식을 취한다.
대표작으로는 시마자키 도손의 《파계》, 다야마 가타이의 《이불》을 꼽을 수 있다.

⓮ 반자연주의
antinaturalism
인간이 지닌 추악한 현실을 뛰어넘는 인간의 아름다움과 개성을 이끌어 내고자 한 문예 사조.
➡ 인간이 가진 추악한 내면만을 폭로하는 자연주의를 부정하고 다양한 관점에서 인간을 바라보고자 했다. 여유파·탐미파·시라카바파·신현실주의로 분류된다.

⑮ 여유파

세속적 현실에서 한발 물러나 삶을 관조하며 여유를 즐기려는 문예 사조.

➡ 원래는 나쓰메 소세키를 중심으로 한 문단의 문예사조였으나 이내 반자연주의의 문예 사조 중 하나로 인식되기 시작했다. 대표작으로는 마사오카 시키의 《호토토기스(하이쿠* 잡지)》, 모리 오가이의 《청년》, 《다케세부네》, 나쓰메 소세키의 《도련님》이 있다.

⑯ 탐미파

극도로 아름다움을 추구하는 문예 사조.

➡ 원래는 19세기 영국과 프랑스의 문예사조이지만 일본에서는 반자연주의의 계보가 되었다. 대표작으로는 나가이 가후의 《프랑스 모노가타리》, 다니자키 준이치로의 《문신》, 《치인의 사랑》 등이 있다.

⑰ 시라카바파(백화파)

인간의 자유와 이상을 존중하는 문예 사조.

➡ 무사노코지 사네아쓰가 주축이 되어 창간한 잡지 〈시라카바〉를 거점으로 활동했다. 반자연주의의 하나로 다이쇼 시대**를 대표하는 문단이다. 대표작으로는 무사노코지 사네아쓰의 《우정》, 시가 나오야의 《암야행로》, 《기노사키에서》, 아리시마 다케로의 《어떤 여자》가 있다.

⑱ 신현실주의

현실의 본질을 포착하여 표현하는 문예 사조.

➡ 아쿠타가와 류노스케가 활동한 잡지 〈신시초(新思潮)〉의 문학 사상이 바탕이 된다. 대표작으로는 아쿠타가와 류노스케의 《라쇼몬》, 《게사쿠 잔마이》, 《코(鼻)》, 기쿠치 칸의 《아버지 돌아오다》, 야마모토 유조의 《길가의 돌》, 《진실일로》가 있다.

9-2
서양 미술사의 발자취
－시대에 발맞춰 추구하는 아름다움도 변모한다－

KEYWORD

⑲ 르네상스 (→ Chapter 1·2)

14~16세기에 걸친 인간성(사람다움) 회복을 지향한 운동.

⑳ 고전주의

classicism

고대 그리스 로마 작품을 기준으로 삼는 예술 사조.

➡ 르네상스 미술의 중심 가치로 조화로운 형식미를 이상으로 삼았다.

㉑ 대칭(시머트리)

symmetry

좌우가 균형을 이루는 상태에서 나오는 미적 구성.

➡ 고전주의 미술에서는 대칭을 이룬 시머트리 배치를 선호하였다.

㉒ 원근법

perspective

그림에 멀고 가까운 거리감을 주는 기술.

➡ 눈으로 보이는 것처럼(사실적으로) 원경과 근경의 거리감을 평면에 표현할 수 있게 되었다.

- • 하이쿠(俳句): 각 행마다 5, 7, 5 음으로 모두 17음으로 이루어진 일본 정형시의 일종이다. −역주
- •• 다이쇼 시대(大正時代): 다이쇼 일왕의 통치 기간을 가리키는 명칭으로 1912년 7월 30일부터 1926년 12월 25일까지를 말한다. −역주

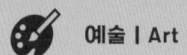
㉓ 바로크
baroque

16세기에서 18세기 전반에 걸쳐 활동한 역동적이고
자유분방한 예술 사조.

➡ 균형미를 중요시하는 르네상스 고전주의와는 대
조적으로, 균형이 무너질 정도의 역동적인 표현을 추
구했다. 균형이 맞지 않은 '일그러진 진주'라는 말이
어원이다.

㉔ 로코코
rococo

18세기 우아함과 세련미를 추구한 예술 사조.

➡ 바로크와 신고전주의 중간 시기로, 귀족사회의 화
려함을 상징하는 우아한 장식을 선호했다.

㉕ 신고전주의
neoclassicism

18세기부터 19세기에 걸쳐 그리스·로마 시대의 장
엄하고 균형 잡힌 예술로 회귀하고자 한 예술 사조.

➡ 18세기까지의 바로크와 로코코의 화려하고 과장
된 예술 표현에 대한 반발로, 그리스·로마 시대의 민
주 사회에 대한 동경에서 부활했다.

㉖ 낭만주의(서양 근대 예술)
romanticism

18세기 말부터 19세기 초에 걸쳐 절대적 권위를 거부
하고 개인의 자유를 추구하는 예술 사조.

➡ 당시 예술계를 지배하던 신고전주의에 대항하는
구도로 서양의 낭만주의가 성행했다. 이는 당시 왕
국이라는 사회적 권위에 대항한 시민혁명 시대와 궤
를 같이했다.

㉗ 시민혁명 (→ Chapter 1·7)

시민계급이 국가 권력을 얻고 정치적 권위를 비롯
하여 국가와 관련한 권리 및 자유와 평등을 쟁취하
려는 혁명.

㉘ 산업혁명 (→ Chapter 1·6)

18세기 후반부터 19세기 전반에 걸쳐 일어난 산업기
술 발달에 따른 사업과 사회의 거대한 변혁. 19세기
부터 근대화의 도화선이 된다.

㉙ 사실주의(서양 근대 예술)
realism

19세기 중엽, 주관을 배제하고 현실을 객관적이고 있
는 그대로 표현하고자 한 예술사조.

➡ 개인의 자아나 정서를 너무 존중한 나머지 이상주
의에 빠진 낭만주의에 대한 거부감으로 등장했다. 지
금까지 주목받지 못했던 농촌의 일상적인 풍경을 예
술 대상으로 승화시킨 점이 특징이다.

㉚ 자연주의(서양 근대 예술)
naturalism

모든 자연을 충실하게 묘사하고자 한 예술 사조.

➡ 사실주의에서 파생되었다. 낭만주의처럼 자아나
이상이 아닌, 자연 그 자체를 예술의 대상으로 삼았
다는 점이 획기적이었다. 문학에서 자연주의는 인간
의 현실을 있는 그대로 그려내고자 한 문예사조이므
로 그 차이에 유의해야 한다.

㉛ 상징주의
symbolisme

19세기 말에서 20세기에 걸쳐 내면세계를 상징적으
로 표현하고자 한 예술 사조.

➡ 객관적 세계만 그리는 사실주의와 자연주의에 반
발하여 탄생했다.

㉜ 인상주의
impressionnisme
19세기 말부터 20세기에 걸쳐, 눈에 비친 빛의 색채를 그대로 반영하여 묘사하려 한 예술 사조.
➡ 사실주의의 흐름이긴 하나 기존의 사실주의에 반하여 존재했다.

㉝ 모던 아트
modern art
주로 20세기 초부터 제2차 세계대전 이전까지 새로운 미술 흐름을 말한다.
➡ 전쟁 이후의 현대미술을 컨템퍼러리 아트(comtemporary art)라고 부르는 경향이 있다.

㉞ 아방가르드
avant-garde(프랑스어)
전통과 권위에 저항하여 새로운 표현 방식을 추구하는 예술 흐름.
➡ 원래는 군대의 선봉에 서서 돌진하는 소수의 정예부대를 의미하는 프랑스어이다. 이 개념이 제1차 세계대전 이후 유럽에서 혁신적인 예술을 추구하는 예술가를 지칭하는 말이 되었다.

㉟ 입체주의(큐비즘)
Cubism
20세기 전반, 여러 방향에서 바라본 입체적인 형상을 한 장의 판에 평면적으로 표현하는 방법.
➡ 하나의 고정된 시점만을 바탕으로 하는 기존의 원근법을 거부했다. 피카소가 대표적 작가이다.

㊱ 다다이즘
Dadaïsme(프랑스어)
20세기 전반에 걸친 인간의 이성과 문명을 부정한 예술 운동.
➡ 인간의 이성이 이룩한 유럽 문명이 제1차 세계대전으로 폐허가 된 모습을 보고 인간의 이성 자체를 부정하게 되었다.

㊲ 초현실주의(쉬르리얼리즘)
surréalisme(프랑스어)
20세기, 이성을 벗어나 인간의 무의식에 내재한 잠재의식을 표현하고자 한 예술 운동.
➡ 다다이즘을 계승하면서 프로이트의 정신분석이론에 영향을 받아 무의식과 꿈의 세계를 예술로 표현하며 예술의 혁신을 지향했다.

㊳ 팝 아트
pop art
20세기 후반 대중 소비사회를 상징하는 물건이나 이미지를 소재로 삼은 예술.
➡ 대량생산된 수프 캔 그림이나 대중들에게 인기 있는 여배우의 사진을 이용하는 등 전후 미국을 상징하는 대표적인 예술이라고 할 수 있다.

㊴ 기술적 복제시대의 예술 작품
art in the age of mechanical reproduction
20세기 복제 기술의 발달로 넘쳐나는 복제 예술 작품.
➡ 독일 사상가 발터 벤야민의 저서명이다. 현대인과 예술과의 관계를 나타낸다. 복제물로 넘쳐나는 현대사회에서는 원작이 지닌 아우라(권위)가 붕괴되고, 예술과 인간 사이의 주체적인 관계도 상실되었다고 주장한다.

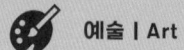

ⓐ 아우라

aura

원작이 지닌 접근하기 힘든 고고한 권위성과 숭고함.

➡ 독일 사상가 발터 벤야민이 주창한 예술과 관련된 개념이다. 생체 에너지의 '오라'*와 구별하여 '아우라'라고 부른다.

9-3
서양 음악사의 발자취
-시대에 발맞춰 음악도 변모한다-

KEYWORD

ⓐ 바로크(음악사)

baroque

17세기 초부터 18세기 중엽까지의 서양 음악.

➡ 이 시기 음악은, '교회나 궁중에 바치는 음악'이 주류를 이루었다. 바흐와 비발디가 대표적인 음악가이다.

ⓐ 고전파 음악

classical period music

18세기 후반부터 19세기 초반에 걸친 서양 음악.

➡ 후세 사람들이 이 시기 음악을 본보기로 삼았기 때문에, 이 시대의 음악이 '고전'이 되었다. 하이든, 모차르트, 베토벤이 대표적인 음악가이다. 영어로는 같은 classic을 사용하지만, 클래식 음악(일반적인 서양의 전통적인 음악)과는 다른 의미를 갖는다.

ⓐ 교향곡

symphony

관현악단(오케스트라)이 연주하는 소나타 형식(제시부, 전개부, 재현부의 악곡 형식)의 대규모 악곡.

➡ '완벽한 화음'라는 의미를 가진 '신포니아'가 어원이다. 독주 악기가 없다는 점이 협주곡(concerto)과 다르다.

• 인체나 물체가 주위에 발산한다고 하는 신령스러운 기운. 심령학에서는 특수한 종교적 능력을 가진 자가 볼 수 있다고 한다.

44 낭만파 음악

romantic music

19세기 서양 낭만주의의 영향을 받은 음악.

➡ 낭만주의 영향을 받아, 개인의 주관과 정서를 표출하는 작품이 탄생했다. 쇼팽, 슈만, 드뷔시가 대표적이다.

45 하위문화(서브컬처)

subculture

주류문화(메인컬처)와 구별되는 특정 집단의 지지를 받는 문화.

➡ 설령 다수가 지지하더라도 어떤 사회 체제에서 인정받지 못하면 하위문화일 뿐이고, 반대로 체제에서 공인된다면 주류문화가 된다. 예를 들면 일본에서 애니메이션은 20세기에는 하위문화였으나, 21세기에는 세계적인 지지를 얻었고 국가도 지지하므로 주류 문화로 도약하였다.

46 주류문화(메인컬처)

main culture

한 사회의 지배적인 문화이자 지성과 교양을 향상시키는 문화.

➡ 주류문화는 한 사회에서 꼭 필요한 문화이며, 그 사회 구성원 모두가 갖추어야 할 교양이다. 이를테면 일본의 음식문화는 일본인에게 꼭 필요할 뿐만 아니라 국민 모두가 알아야 하는 교양이라고 할 수 있다.

47 반문화(카운터컬처)

counterculture

1960년대 후반부터 1970년대 전반에 걸쳐 형성된, 주류 사회의 가치관이나 삶의 방식에 저항하는 가치관을 가진 문화.

➡ 1960년대 미국 젊은이들의 문화가 대표적이다. 카운터컬처의 배경으로는 당시 흑인 해방운동과 여성 해방운동, 나아가 베트남 전쟁 반대와 같은 반체제 운동을 들 수 있다.

48 록

rock music

20세기 후반부터 젊은 세대의 문화를 표현하는 대중음악의 한 장르.

➡ 명확한 정의는 없으나, 전기 기타를 중심으로 리듬감이 강한 노래로 젊은 세대를 겨냥한 가사로 만든 곡이라고 할 수 있다. 이 역시 하위문화와 반문화에서 주류문화로 도약한 문화이다.

49 팝

popular music

클래식 음악 이외의 대중음악을 총칭하는 말.

➡ '팝'이란 용어는 미국인들이 '포플러 뮤직(popular music)을 줄여서 부르기 시작한 말을 그대로 들여온 용어이다. '팝' 역시 지금은 완전한 주류문화라고 할 수 있다.

찾아보기

INDEX

세상에서 가장 쉬운
교양 교과서
[인문사회]

초판 1쇄 발행   2025년 12월 10일

지은이 | 고다마 가쓰유키
그린이 | fancomi
옮긴이 | 장윤정
펴낸이 | 김연우
펴낸곳 | (주)태학사
등록 | 제406-2020-000008호
주소 | 경기도 파주시 광인사길 217
전화 | 031-955-7580
전송 | 031-955-0910
전자우편 | thspub@daum.net
홈페이지 | www.thaehaksa.com

편집 | 조윤형 여미숙 김태훈
마케팅 | 김민선
경영지원 | 김영지

Korean translation copyright ⓒ (주)태학사, 2025 Printed in Korea.

값 17,500원
ISBN 979-11-6810-389-4 04300
      979-11-6810-388-7 세트

도서출판 날은 (주)태학사의 인문·에세이 브랜드입니다.

디자인 | 이윤경